JN412271

소그룹 성경 공부 교재

다니엘

오정현 지음

열정의 비전 메이커 오정현 목사는 한 사람을 그리스도 안에서 온전한 제자로 세우는 제자훈련을 목회철학으로 삼고 '제자훈련의 국제화'와 '피 흘림이 없는 복음적 평화통일' 그리고 '통일세대를 위한 신앙인재 양성'을 위해 쉬지 않고 달려가고 있다. 현재 사랑의교회 담임목사이다.

오정현 다락방 시리즈 3

다니엘

초판 1쇄 발행 2011년 3월 15일
초판 8쇄 발행 2017년 9월 21일

지은이 오정현

펴낸이 박주성
펴낸곳 국제제자훈련원
등록번호 제2013-000170호(2013년 9월 25일)
주소 서울시 서초구 효령로68길 98(서초동)
전화 02)3489-4300 **팩스** 02)3489-4329
이메일 dmipress@sarang.org

ISBN 978-89-5731-515-6 03230

※ 책값은 뒤표지에 있습니다. 잘못된 책은 구입하신 곳에서 교환해드립니다.

국제제자훈련원은 건강한 교회를 꿈꾸는 목회의 동반자로서 제자 삼는 사역을 중심으로
성경적 목회 모델을 제시함으로 세계 교회를 섬기는 전문 사역 기관입니다.

오정현 다락방 시리즈 3

다니엘

정면돌파로 세상 권세를 이긴 믿음의 여정기

오정현 지음

:: 교재 사용에 대하여 ::

제자훈련의 열매는 훈련된 평신도 지도자들이 사역하는 소그룹(구역, 다락방, 셀, 목장)이라 할 수 있다. 소그룹이란 성도 간에 아름다운 사랑의 교제를 나누며, 말씀 안에서 영적으로 성숙해 가도록 서로 돕고, 믿지 않는 사람들을 초청하여 복음을 나누는 소그룹 단위의 공동체이다. 소그룹은 하나님의 말씀에 기초한다. 그러므로 각자의 삶을 드러낼 수 있도록 돕고, 변화되어야 할 삶의 목표를 분명하게 제시할 수 있는 좋은 교재가 마련되면 효과적인 소그룹을 운영하는 데 큰 도움을 얻는다. 그러나 분주한 목회자의 입장에서는 직접 교재를 만든다는 것이 그리 쉬운 일이 아니다. 이런 어려움을 해결할 수 있도록 돕기 위해 마련된 것이 '오정현 다락방 시리즈'이다.

본 시리즈를 사용하는 데 있어 다음 몇 가지를 참고해 주기 바란다.

1. 이 교재는 소그룹에서 귀납적인 방법으로 성경을 공부하기 위해 만든 것이다. 즉 성경의 가르침을 일방적으로 주입하는 대신 충분한 토의를 통해 구성원들의 생각을 먼저 정리하고 그것을 성경의 가르침과 비교하도록 구성되어 있다. 결코 해답 베껴 쓰기 식의 공부가 되지 않도록 해야 한다. 서툴더라도 자기 인식과 활발한 토의 참여로 생생한 결론이 나올 수 있도록 해야 한다. 따라서 지도자는 소그룹 환경에서 귀납적 방법으로 성경을 공부하는 것이 무엇인지를 반드시 먼저 배워야 한다.

2. 이 교재는 교역자가 매주 소그룹 지도자들을 먼저 예습시킨 다음 사용하게 해야 바람직한 효과를 기대할 수 있다. 소그룹 지도자가 공부할 내용을 충분히 이해하도록 해야 한다. 그냥 교재만 던져 주고 마음대로 사용하게 하는 것은 좋지 않다.

3. 소그룹에 참석하는 구성원들은 반드시 예습을 하도록 권장해야 한다.

4. 한 과를 공부하는 데에는 한 시간 이상이 필요하다. 그러므로 각 문제에 따라 답만 찾아보고 넘어가야 할 것과 충분한 토의를 통해 진지하게 적용할 것을 잘 구별해서 진행하는 것이 중요하다.

차 례

01. 절망의 순간에 열린 하늘문

다니엘 1:1~9

1 유다 왕 여호야김이 다스린 지 삼 년이 되는 해에 바벨론 왕 느부갓네살이 예루살렘에 이르러
성을 에워쌌더니 2 주께서 유다 왕 여호야김과 하나님의 전 그릇 얼마를 그의 손에 넘기시매
그가 그것을 가지고 시날 땅 자기 신들의 신전에 가져다가 그 신들의 보물 창고에 두었더라 3
왕이 환관장 아스부나스에게 말하여 이스라엘 자손 중에서 왕족과 귀족 몇 사람 4 곧 흠이 없
고 용모가 아름다우며 모든 지혜를 통찰하며 지식에 통달하며 학문에 익숙하여 왕궁에 설 만한
소년을 데려오게 하였고 그들에게 갈대아 사람의 학문과 언어를 가르치게 하였고 5 또 왕이 지
정하여 그들에게 왕의 음식과 그가 마시는 포도주에서 날마다 쓸 것을 주어 삼 년을 기르게 하
였으니 그 후에 그들은 왕 앞에 서게 될 것이더라 6 그들 가운데는 유다 자손 곧 다니엘과 하나
냐와 미사엘과 아사랴가 있었더니 7 환관장이 그들의 이름을 고쳐 다니엘은 벨드사살이라 하고
하나냐는 사드락이라 하고 미사엘은 메삭이라 하고 아사랴는 아벳느고라 하였더라 8 다니엘은
뜻을 정하여 왕의 음식과 그가 마시는 포도주로 자기를 더럽히지 아니하리라 하고 자기를 더럽
히지 아니하도록 환관장에게 구하니 9 하나님이 다니엘로 하여금 환관장에게 은혜와 긍휼을
얻게 하신지라

마음의 문을 열며

지금은 영적으로 어두운 시대다. 다니엘이 포로생활했던 바벨론이 그러했다. 바벨론은 요한계시록에 나타난 것처럼 영적 어둠의 대명사처럼 불려졌다. 오늘날의 사회가 공적인 장소에서 하나님의 이름을 부르지 못하게 하는 것처럼 느브갓네살이 지배했던 바벨론 역시 여호와 하나님의 이름을 부르거나 섬기는 것이 금지되었고, 이에 맞섰던 다니엘은 사자굴 속으로, 그의 세 친구는 풀무불에 던져졌다. 이처럼 우상과 물질주의와 음란이 지배했던 바벨론은 현 시대의 전조라고 할 수 있다 (계 18:2). 그렇다면 어둠의 권세가 지배하는 세상에서 하나님의 자녀가 자존감을 지키며 능력으로 살아가는 길은 무엇인가?

다니엘서는 절망의 짙은 전주곡으로부터 시작한다. 이스라엘 민족이 직면한 고통과 다니엘이 겪어야 했던 아픔이 고스란히 서술되어 있다. 이런 당시의 상황이 낯설지 않은 것은 우리가 사는 이 시대, 이 세상 역시 하나님의 부재로 고난과 상처의 짙은 그림자가 드리워져 있기 때문이다. 우리는 다니엘서를 통해 하나님이 어떻게 하늘문을 열어 절망 가운데 소망의 빛을 비추시는지 목도하게 될 것이다.

말씀의 씨를 뿌리며

1. 다니엘은 한참 예민한 사춘기 시절에 감당하기 어려운 혹독한 시련을 만나게 된다. 당시 상황을 염두에 두면서 그가 겪어야 했던 고통들을 살펴보라(1~4절).

2. 다니엘은 물론이고 이스라엘 민족에게 있어서 포로기는 큰 충격과 아픔의 역사였다. 바벨론 포로기 후, 이스라엘 백성들은 큰 환난의 장소를 말할 때 '바벨론'이라는 은유적 표현을 사용했다. 바벨론은 하나님의 백성이 포로로 끌려간 곳이자 눈물과 외로움, 고통으로 점철된 장소였다(시137:1~4). 이런 바벨론의 의미가 신약교회에서는 어떻게 사용되고 있는지 확인해 보라.

- 베드로전서 5:13/

- 요한계시록 18:2/

3. 오늘날의 성도도 이 바벨론과 같은 곳에서 살고 있다. 하나님은 다니엘처럼 믿는 자들에게도 바벨론을 허락하시고 바벨론의 포로로 살게 하신다. 당신의 믿음을 흔들고 영혼을 곤고하게 만드는 당신만의 바벨론에 대해 이야기해 보라.

4. 바벨론 포로기와 같은 고통의 시기를 지날 때 우리가 기억해야 할 사실이 있다. 그것이 무엇인지 찾아 보라.

- 2절(막 1:12)/

- 9절(막 1:13)/

- 에스겔 1:1~2, 28/

5. 위의 사실을 끝까지 신뢰할 수만 있다면 우리는 인생의 고난을 다르게 해석하고 의연하게 감당할 수 있을 것이다. 자신의 경험을 가지고 이런 신뢰가 왜 중요한지 말해 보라.

6. 다니엘은 인생의 바벨론에서 어떻게 자신을 지켰는가? 그의 결단과 행동이 의미하는 바가 무엇인지 이야기해 보라.

• 8절/

7. 세상에 살면서 세상에 물들지 않고 거룩한 불복종과 저항의 영성을 가지고 살기란 쉽지 않다. 그럼에도 불구하고 당신은 다르게 사는 신앙적 용기와 지혜를 얼마나 실천하며 살고 있는가? 당신이 세상의 유혹과 위협에 넘어지는 이유가 어디에 있다고 보는가?

8. 다음 글을 읽고 느낀 점을 나누어 보자.

유대인의 이름 가운데 엘이나 나, 냐, 랴로 끝나는 것은 귀족과 왕족의 이름이었다. 하나님에 대한 충성스러움을 확증하기 위해 하나님과 관계되는 단어를 붙인 것이다. '엘'은 '엘로힘'을 뜻하는데, 여호와 하나님의 이름이며, '하, 나, 냐, 랴'로 끝나는 것은 '야훼를 본받겠다'는 뜻이다. 다니엘은 '하나님이 나의 심판자가 되신다'를, 하나냐는 '하나님은 참으로 은혜로우시다', 미사엘은 '하나님과 같은 분이 누가 있겠는가', 아사랴는 '하나님은 참으로 나의 도움이시다'를 뜻한다.

그런데 느부갓네살 왕이 다니엘과 세 친구를 바벨론으로 데려가서 제일 먼저 한 일은 이들의 이름을 바꾼 것이었다(7절). 다니엘의 이름을 '벨드사살'로 바꾸었는데, '벨'은 당시 바벨론이 섬기던 신의 이름으로 다니엘의 이름을 '벨은 나의 심판자다'로 바꾼 것이다. 아사랴는 '아벳느고'로 바꿨는데, 이것은 '느고가 나의 신이다'라는 뜻이다. 당시 '느고'는 바벨론이 섬기는 두 번째 신이었다. 미사엘은

'메삭'으로 바꿨는데, 이 뜻은 '바벨론의 아쿠신과 같은 분이 또 있겠는가'라는 뜻이다. 바벨론 정권은 이들의 이름을 바꿈으로 정체성을 뿌리째 흔들려고 했다.

그러나 소년들의 이름을 바꾸기는 했지만 이들의 마음까지는 바꾸지 못했다. 우리 역시 마찬가지다. 바벨론과 같은 절망스러운 상황에 처했을 때라도 우리가 누구인지를 기억하며 그리스도인으로서의 정체성을 지켜 나가야 한다. 이렇게 정체성을 지키고자 몸부림칠 때, 하나님은 절망 중에도 하늘 문을 여셔서 다니엘에게 베푸셨던 은혜로 우리를 도울 것이다.

삶의 열매를 거두며

주님을 진정으로 만나는 때는 순풍이 부는 예루살렘이 아니라 인생의 역풍이 몰아치는 바벨론과 같은 상황이다. 그 속에서 세상과 타협하지 않고 하나님의 자녀다움을 사수하려면 자기 정체성과 소속감을 확실히 해야 한다. "나는 하나님이 선택한 사람이다", "나는 예수님의 제자다", "나는 예수님이 핏값으로 산 귀한 존재다"라고 선포해 보라. 그리고 각자 인생의 바벨론에서 구별된 삶을 살기 위해 절실하게 필요한 것이 무엇인지 나누고 하나님의 도우심을 구하자.

02. 믿음의 대안, 믿음의 결과

다니엘 1:10~21

10 환관장이 다니엘에게 이르되 내가 내 주 왕을 두려워하노라 그가 너희 먹을 것과 너희 마
실 것을 지정하셨거늘 너희의 얼굴이 초췌하여 같은 또래의 소년들만 못한 것을 그가 보게
할 것이 무엇이냐 그렇게 되면 너희 때문에 내 머리가 왕 앞에서 위태롭게 되리라 하니라 11
환관장이 다니엘과 하나냐와 미사엘과 아사랴를 감독하게 한 자에게 다니엘이 말하되 12 청하
오니 당신의 종들을 열흘 동안 시험하여 채식을 주어 먹게 하고 물을 주어 마시게 한 후에 13
당신 앞에서 우리의 얼굴과 왕의 음식을 먹는 소년들의 얼굴을 비교하여 보아서 당신이 보는
대로 종들에게 행하소서 하매 14 그가 그들의 말을 따라 열흘 동안 시험하더니 15 열흘 후에
그들의 얼굴이 더욱 아름답고 살이 더욱 윤택하여 왕의 음식을 먹는 다른 소년들보다 더 좋
아 보인지라 16 그리하여 감독하는 자가 그들에게 지정된 음식과 마실 포도주를 제하고 채식
을 주니라 17 하나님이 이 네 소년에게 학문을 주시고 모든 서적을 깨닫게 하시고 지혜를 주
셨으니 다니엘은 또 모든 환상과 꿈을 깨달아 알더라 18 왕이 말한 대로 그들을 불러들일 기
한이 찼으므로 환관장이 그들을 느부갓네살 앞으로 데리고 가니 19 왕이 그들과 말하여 보매
무리 중에 다니엘과 하나냐와 미사엘과 아사랴와 같은 자가 없으므로 그들을 왕 앞에 서게
하고 20 왕이 그들에게 모든 일을 묻는 중에 그 지혜와 총명이 온 나라 박수와 술객보다 십
배나 나은 줄을 아니라 21 다니엘은 고레스 왕 원년까지 있으니라

마음의 문을 열며

1장에 나타난 다니엘은 바벨론에 끌려와서 인생을 비관하지도, 세상에 순응하지도 않는다. 오히려 바벨론을 하나님께서 허락하신 삶의 자리로 받아들이고, 세상의 유혹에 타협하지 않으며 신앙의 정절을 지켜나간다. 다니엘은 뜻을 정하고 믿음과 지혜를 총동원하여 하나님의 백성이 가야 할 길을 올곧게 가고자 최선을 다했다.

다니엘이 포로생활 가운데 신앙을 시험받았던 것처럼 우리도 세상 속에서 신앙적 시험을 받곤 한다. 그 시험은 먹음직도 하고 보암직도 하고 지혜롭게 할 만큼 탐스럽기도 한 세상의 유혹들로 가득하다. 이 시간 정결하고 거룩한 삶을 결단하고 실천한 다니엘과 그의 삶에 놀랍게 역사하시는 하나님을 만나 보자.

 말씀의 씨를 뿌리며

1. 왕이 내린 음식과 포도주로 자신을 더럽히지 않겠다고 구하는 다니엘의 간청에 환관장이 우려한 것은 무엇인가?

• 10절/

2. 8절의 간청에 환관장의 확답을 얻지 못하자 다니엘은 다시 한 번 감독관에게 포로의 신분으로 감히 제안할 수 없는 대안을 제시한다. 그 내용이 무엇인가? 어떤 점에서 다니엘의 대안이 지혜롭다고 생각하는가?

• 12~13절/

3. 다니엘의 제안대로 열흘 동안 시험 기간이 주어진다(14절). 이 영적인 시험 기간은 다니엘과 세 친구에게 신앙의 생명이 걸린 인생의 가장 큰 모험의 시간이었을 것이다. 당신에게 있어서 이것만은 결코 굽힐 수 없다는 믿음의 경계 또는 신앙의 원칙, 선택의 우선순위는 무엇인가? 그것을 지키기 위해서 이들처럼 모험했던 경험이 있다면 함께 나눠 보자(참고/ 계 2:10).

4. 열흘의 시험 기간은 성공적으로 끝났지만 그 후로도 왕 앞에 서기까지(5, 18절) 3년이라는 오랜 기간 동안 다니엘과 세 친구는 신체적으로 한참 성장할 청소년기에 물과 채소만 먹어야 했다(15~16절). 구원을 얻는 것은 순간이지만 구원을 이루는 삶은 오랜 과정이다. 당신이 뜻을 정한 믿음의 결단을 한 후 중도 포기한 일이 있다면 그 이유는 무엇이었는가?

5. 자신을 더럽히지 않기로 작정한 다니엘과 세 친구에게 하나님이 베풀어주신 은혜는 무엇인가?

- 15~16절/

- 17절/

- 19~20절/

6. 하나님은 외적인 면에서 뿐만 아니라 영적인 면, 지적인 면에서도 넘치는 탁월함을 주셨다. 이와 관련하여 다니엘의 하나님이자 당신이 믿는 하나님이 어떤 분이신지 다시 한 번 묵상해 보라.

- 열왕기상 3:11~14/

- 에베소서 3:20/

- 누가복음 12:28~30/

7. 다음 글을 읽고 느낀 점을 나누어 보자.

이방 왕궁에서도 다니엘은 창조적인 믿음의 대안과 영적인 전략을 가지고 자신의 신앙을 굳게 지켰다. 오늘날 불신의 세상에 살고 있는 믿는 자들 역시 신앙적 생존을 위해서는 다니엘처럼 믿음의 대안과 영적인 전략이 절대적으로 요구되고 있다. 이 세상은 우리를 세속적 동화와 신앙의 무력화 속으로 유혹하고 있다. 이에 대한 우리의 영적인 전략은 다니엘처럼 하나님의 말씀대로 사는 것이다. 세상 처세의 관점에서 보면 미련하고 무력해 보이는 이 전략이야말로 가장 강력한 전략이라고 할 수 있다.

미래학자 엘빈 토플러(Alvin Toffler)는 기업경영에 대하여 말하기를

"당신이 전략을 세우지 않으면 다른 사람이 세운 전략의 일부가 될 뿐이다"라고 하였다. 이 말은 영적으로도 그대로 적용되는 말이다. "성도가 세상에서 바른 전략을 세우지 않으면 세상 사람이 세운 전략의 일부가 될 뿐이다." 우리의 대응 전략은 무엇인가? 세상에서 하나님의 백성답게 사는 것, 오직 하나님만을 왕으로 섬기며 살면서 하나님의 능력을 드러내고 세상을 변혁하는 전략이 다니엘에게서 배우는 우리의 전략이다. 하나님이 함께하시는 전략만이 세상의 전략에 효과적으로 대처할 수 있다.

삶의 열매를 거두며

다니엘은 신앙적 위기의 순간에 유익해 보이는 세상적 방법을 포기하고 어리석어 보이는 하나님의 방법을 선택했다. 그 결과 세상이 감당할 수 없는 지식과 지혜를 얻었다. 진정한 신앙인은 자신의 신앙을 지키기 위해 기꺼이 거룩한 모험을 감행하는 사람이다. 지금도 세상은 우리를 향해 끊임없이 자신의 방식을 선택하라고 유혹한다. 지금 우리에게 필요한 것은 다니엘처럼 믿음으로 거룩한 모험을 감행하는 것이다. 당신은 세상의 끈질기고 지독한 유혹을 분별할 뿐 아니라 영적으로 지혜롭게 맞설 준비가 되어 있는가?

03. 뜨인 돌에 무너지는 제국들

다니엘 2:1~2, 11~13, 17~23, 36~45

1 느부갓네살이 다스린 지 이 년이 되는 해에 느부갓네살이 꿈을 꾸고 그로 말미암아 마음이
번민하여 잠을 이루지 못한지라 2 왕이 그의 꿈을 자기에게 알려 주도록 박수와 술객과 점쟁
이와 갈대아 술사를 부르라 말하매 그들이 들어가서 왕의 앞에 선지라

11 왕께서 물으신 것은 어려운 일이라 육체와 함께 살지 아니하는 신들 외에는 왕 앞에 그것을
보일 자가 없나이다 한지라 12 왕이 이로 말미암아 진노하고 통분하여 바벨론의 모든 지혜자
들을 다 죽이라 명령하니라 13 왕의 명령이 내리매 지혜자들은 죽게 되었고 다니엘과 그의 친
구들도 죽이려고 찾았더라

17 이에 다니엘이 자기 집으로 돌아가서 그 친구 하나냐와 미사엘과 아사랴에게 그 일을 알리
고 18 하늘에 계신 하나님이 이 은밀한 일에 대하여 불쌍히 여기사 다니엘과 친구들이 바벨론
의 다른 지혜자들과 함께 죽임을 당하지 않게 하시기를 그들로 하여금 구하게 하니라 19 이에
이 은밀한 것이 밤에 환상으로 다니엘에게 나타나 보이매 다니엘이 하늘에 계신 하나님을 찬
송하니라 20 다니엘이 말하여 이르되 영원부터 영원까지 하나님의 이름을 찬송할 것은 지혜와
능력이 그에게 있음이로다 21 그는 때와 계절을 바꾸시며 왕들을 폐하시고 왕들을 세우시며
지혜자에게 지혜를 주시고 총명한 자에게 지식을 주시는도다 22 그는 깊고 은밀한 일을 나타
내시고 어두운 데에 있는 것을 아시며 또 빛이 그와 함께 있도다 23 나의 조상들의 하나님이
여 주께서 이제 내게 지혜와 능력을 주시고 우리가 주께 구한 것을 내게 알게 하셨사오니 내
가 주께 감사하고 주를 찬양하나이다 곧 주께서 왕의 그 일을 내게 보이셨나이다 하니라

36 그 꿈이 이러한즉 내가 이제 그 해석을 왕 앞에 아뢰리이다 37 왕이여 왕은 여러 왕들 중의
왕이시라 하늘의 하나님이 나라와 권세와 능력과 영광을 왕에게 주셨고 38 사람들과 들짐승과
공중의 새들, 어느 곳에 있는 것을 막론하고 그것들을 왕의 손에 넘기사 다 다스리게 하셨으
니 왕은 곧 그 금 머리니이다 39 왕을 뒤이어 왕보다 못한 다른 나라가 일어날 것이요 셋째로

또 놋 같은 나라가 일어나서 온 세계를 다스릴 것이며 40 넷째 나라는 강하기가 쇠 같으리니
쇠는 모든 물건을 부서뜨리고 이기는 것이라 쇠가 모든 것을 부수는 것 같이 그 나라가 뭇 나
라를 부서뜨리고 찧을 것이며 41 왕께서 그 발과 발가락이 얼마는 토기장이의 진흙이요 얼마
는 쇠인 것을 보셨은즉 그 나라가 나누일 것이며 왕께서 쇠와 진흙이 섞인 것을 보셨은즉 그
나라가 쇠 같은 든든함이 있을 것이나 42 그 발가락이 얼마는 쇠요 얼마는 진흙인즉 그 나라
가 얼마는 든든하고 얼마는 부서질 만할 것이며 43 왕께서 쇠와 진흙이 섞인 것을 보셨은즉
그들이 다른 민족과 서로 섞일 것이나 그들이 피차에 합하지 아니함이 쇠와 진흙이 합하지
않음과 같으리이다 44 이 여러 왕들의 시대에 하늘의 하나님이 한 나라를 세우시리니 이것은
영원히 망하지도 아니할 것이요 그 국권이 다른 백성에게로 돌아가지도 아니할 것이요 도리
어 이 모든 나라를 쳐서 멸망시키고 영원히 설 것이라 45 손대지 아니한 돌이 산에서 나와서
쇠와 놋과 진흙과 은과 금을 부서뜨린 것을 왕께서 보신 것은 크신 하나님이 장래 일을 왕께
알게 하신 것이라 이 꿈은 참되고 이 해석은 확실하니이다 하니

마음의 문을 열며

2장의 시작은 1장 마지막의 희망적 분위기와는 사뭇 대조적이다. 위기를 극복하자마자, 또 다른 인생의 폭풍우가 찾아온 것이다. 마치 거대한 고해(苦海) 속에서 끊임없이 파도와 싸워야만 하는 인생의 본질을 그리는 듯하다. 오늘 다락방에서는 믿는 자에게 인생의 풍랑이란 하나님을 더욱 깊이 만나고 영적으로 도약하는 또 다른 기회임을 배우게 된다. 이 시간, 계속되는 인생의 난관 앞에서 다니엘은 어떻게 믿음을 지키고 소명자의 삶을 살 수 있었는지 살펴보자. "인간의 극한 상황이 바로 하나님의 기회"임을 이 시간 배워보자.

말씀의 씨를 뿌리며

1. 느부갓네살은 외적으로는 바벨론 제국을 장악했지만, 정작 내적으로는 악몽에 시달리며 마음의 번민에 사로잡혔다. 그는 이 문제를 어떻게 해결하려 했는가?

• 1~2절/

2. 느부갓네살은 술사들을 의지했지만 기대한 결과를 얻을 수 없었다. 술사들의 고백에서 알 수 있는 사실은 무엇인가? (참고/ 27~28절)

• 11절/

3. 안타깝게도 예수를 믿는다고 하면서도 별점, 강신술, 무당, 굿, 점에 빠진 사람들이 적지 않다. 통계적으로 점집을 찾는 사람의 30% 이상이 기독교인이라고 한다. 오늘날 쉽게 접하게 되는 관상, 사주, 운세, 별자리는 분명 하나님이 미워하시는 것이다. 혹시 미래에 대한 궁금증과 두려움으로 하나님이 아닌 다른 것들을 기웃거려 본 적은 없는지, 신앙인이면서 세상적인 술사를 찾을 때의 심정은 어떠했는지 솔직히 이야기해 보자.

4. 술사들이 자신의 꿈을 해석하지 못하자 느부갓네살은 바벨론의 모든 지혜자들을 죽이라고 명령한다. 다니엘 역시 예외가 아니었다. 죽음이 눈앞에 다가온 절체절명의 위기에 다니엘은 어떻게 대처하는가? 이것이 우리에게 던져주는 중요한 교훈은 무엇인가? (참고/ 히 4:16)

• 17~18절/

5. 다니엘은 세상의 두려움에 사로잡히지 않고 '하나님이 나를 사로잡아 주실 것' 을 믿고 나아갔다. 그러자 어떤 일이 일어났는가? 이에 다니엘은 하나님을 어떤 분으로 찬송하고 있는가?

• 19~23절/

6. 다니엘의 해석을 토대로 느부갓네살이 꾼 꿈의 의미가 무엇인지 살펴보라. 특히 45절에 등장하는 '손대지 아니한 돌' 은 무엇을 의미하는가?

• 36~45절/

7. 느부갓네살이 꾼 꿈은 이 세상 나라의 흥망성쇠를 보여 주는 하나님의 예언으로, 훗날 역사 속에서 그대로 실현되었다. 어떤 제국이

나 나라도 예수 그리스도의 능력 앞에서는 항복할 수밖에 없으며, 종국에는 영원히 변치 않는 하나님의 나라가 도래하게 될 것이다. 당신은 이 사실을 얼마나 확신하며 살고 있는가? 이를 제대로 믿는다면 어떤 모습으로 이 세상을 살아가겠는가?

8. 인생의 위기를 만날 때 당신은 세상에 대한 두려움과 하나님 중 어디에 사로잡혀 있는지 나누어 보자.

1979년 9월 15일, 생후 2개월을 갓 넘긴 아기 조엘은 자신의 운명을 가른 큰 사고를 당했다. 대형 화물트럭에 치인 교통사고로 손가락, 발가락, 왼손, 눈꺼풀과 코, 입술, 귀를 모두 잃고 두개골에 중화상을 입었다. 이 사고로 그는 평생을 죽음과 싸웠을 뿐만 아니라 주위 사람들의 시선과 더불어 자기 자신과 싸워야 했다.

18년 후 사고를 내고 도주했던 대형 화물트럭 운전수가 잡혔을 때 그는 말했다. "저는 증오심으로 인생을 낭비하지 않을 것입니다. 원망과 절망이 또 다른 고통을 낳을 것이기 때문입니다. 대신 사랑으로, 하나님의 은혜 안에 있는 무한한 사랑으로 둘러 싸일 것입니다."

_「세상에서 가장 아름다운 사람, 조엘」 중에서.

삶의 열매를 거두며

거대한 제국이었던 바벨론은 하나님의 뜨인 돌에 의해 철저하게 깨뜨려졌다. 제국의 흥망성쇠는 전적으로 하나님의 계획 안에서 결정된다. 이에 대한 확신과 믿음을 가질 때 우리가 발을 디딘 이 바벨론이 승부처가 될 수 있고, 우리는 복음의 일꾼으로 시대에 쓰임 받는 사람이 될 것이다. 세상 최고의 권력조차도 철저하게 하나님의 손에 있다는 것을 믿었던 다니엘처럼 나에게 불어닥치는 세상의 어떤 거센 풍파도 하나님의 장중에 있음을 믿는가? 자신의 미래가 세상의 기막힌 처세술이 아니라 하나님의 인도하심 속에 있음을 알고 다니엘처럼 어떤 상황 속에서도 하나님을 믿는 진정한 신앙인의 모습으로 살아갈 수 있는가?

04. 시험이 없는 신앙생활은 없다

다니엘 3:1~18

1 느부갓네살 왕이 금으로 신상을 만들었으니 높이는 육십 규빗이요 너비는 여섯 규빗이라 그
것을 바벨론 지방의 두라 평지에 세웠더라 히, 암마 2 느부갓네살 왕이 사람을 보내어 총독과
수령과 행정관과 모사와 재무관과 재판관과 법률사와 각 지방 모든 관원을 느부갓네살 왕이
세운 신상의 낙성식에 참석하게 하매 3 이에 총독과 수령과 행정관과 모사와 재무관과 재판관
과 법률사와 각 지방 모든 관원이 느부갓네살 왕이 세운 신상의 낙성식에 참석하여 느부갓네
살 왕이 세운 신상 앞에 서니라 4 선포하는 자가 크게 외쳐 이르되 백성들과 나라들과 각 언
어로 말하는 자들아 왕이 너희 무리에게 명하시나니 5 너희는 나팔과 피리와 수금과 삼현금과
양금과 생황과 및 모든 악기 소리를 들을 때에 엎드리어 느부갓네살 왕이 세운 금 신상에게
절하라 6 누구든지 엎드려 절하지 아니하는 자는 즉시 맹렬히 타는 풀무불에 던져 넣으리라
하였더라 7 모든 백성과 나라들과 각 언어를 말하는 자들이 나팔과 피리와 수금과 삼현금과
양금과 및 모든 악기 소리를 듣자 곧 느부갓네살 왕이 세운 금 신상에게 엎드려 절하니라 8
그때에 어떤 갈대아 사람들이 나아와 유다 사람들을 참소하니라 9 그들이 느부갓네살 왕에게
이르되 왕이여 만수무강 하옵소서 10 왕이여 왕이 명령을 내리사 모든 사람이 나팔과 피리와
수금과 삼현금과 양금과 생황과 및 모든 악기 소리를 듣거든 엎드려 금 신상에게 절할 것이
라 11 누구든지 엎드려 절하지 아니하는 자는 맹렬히 타는 풀무불 가운데에 던져 넣음을 당하
리라 하지 아니하셨나이까 12 이제 몇 유다 사람 사드락과 메삭과 아벳느고는 왕이 세워 바벨
론 지방을 다스리게 하신 자이거늘 왕이여 이 사람들이 왕을 높이지 아니하며 왕의 신들을
섬기지 아니하며 왕이 세우신 금 신상에게 절하지 아니하나이다 13 느부갓네살 왕이 노하고
분하여 사드락과 메삭과 아벳느고를 끌어오라 말하매 드디어 그 사람들을 왕의 앞으로 끌어
온지라 14 느부갓네살이 그들에게 물어 이르되 사드락, 메삭, 아벳느고야 너희가 내 신을 섬기
지 아니하며 내가 세운 금 신상에게 절하지 아니한다 하니 사실이냐 15 이제라도 너희가 준비
하였다가 나팔과 피리와 수금과 삼현금과 양금과 생황과 및 모든 악기 소리를 들을 때 내가
만든 신상 앞에 엎드려 절하면 좋거니와 너희가 만일 절하지 아니하면 즉시 너희를 맹렬히

타는 풀무불 가운데에 던져 넣을 것이니 능히 너희를 내 손에서 건져낼 신이 누구이겠느냐
하니 16 사드락과 메삭과 아벳느고가 왕에게 대답하여 이르되 느부갓네살이여 우리가 이 일에
대하여 왕에게 대답할 필요가 없나이다 17 왕이여 우리가 섬기는 하나님이 계시다면 우리를
맹렬히 타는 풀무불 가운데에서 능히 건져내시겠고 왕의 손에서도 건져내시리이다 18 그렇게
하지 아니하실지라도 왕이여 우리가 왕의 신들을 섬기지도 아니하고 왕이 세우신 금 신상에
게 절하지도 아니할 줄을 아옵소서

마음의 문을 열며

우리가 하나님의 자녀로 세상을 산다는 것이 시험으로부터의 해방을 의미하지 않는다. 풍랑이 바다에 떠 있는 사람들만이 겪을 수 있는 독특한 경험인 것처럼, 하나님의 자녀에게만 찾아오는 독특한 사건이 바로 시험이다. 이런 의미에서 신앙생활은 그 자체가 곧 시험의 연속이며, 시험과의 대결이라 말해도 과언이 아니다. 그런데 영적 시험에는 두 가지 유형이 있다. 하나는 외적 요인으로 만나게 되는 시험으로, 흔히 환란 혹은 핍박이라고 일컫는다. 다른 하나는 내적인 시험으로, 우리 안에 여전히 존재하는 죄성과 육신의 연약함이 가져온 시험이다.

오늘 본문은 외적 시험에 직면한 다니엘의 세 친구들 이야기다. 그들의 믿음을 통해 그리스도인이라면 필연적으로 직면하게 되는 외적 시험의 본질과 시험을 극복하는 방법에 대해 배우도록 하자.

말씀의 씨를 뿌리며

1. 2장에서의 시련이 다니엘에게 찾아온 시련이었다면, 3장에서의 시험은 다니엘의 세 친구, 사드락과 메삭, 아벳느고에게 찾아온 시험이라고 할 수 있다. 다니엘의 친구들은 어떤 시험에 직면하게 되었는가?(참고/ 출 20:3~4)

• 5~6절/

2. 3장에서 '절한다'는 말이 몇 번이나 반복되었는지 찾아보라. 그만큼 이 말은 3장을 이해하는 핵심어가 된다. 우리 시대의 우상은 눈에 보이는 금 신상을 만들어 섬기도록 강요하진 않는다. 하지만 은밀하고 교묘하게 하나님보다 더 사랑하게 만드는 보이지 않는 우상 앞에 절하게 만든다. 우리 시대의 금 신상은 어떤 것이라고 생각하는가? 하나님보다 사랑하고 소중히 여기는 당신만의 금 신상은 무엇인가?

3. 다니엘의 세 친구들은 금 신상에 절하지 않기로 결단했다. 하지만 이 일은 결코 쉬운 일이 아니었다. 그들이 통과해야 할 다양한 시험의 관문은 어떤 것들이었는가?

• 6절/

• 8~12절/

• 14~15절/

4. 다니엘의 세 친구들은 느부갓네살의 치명적인 요구에 정면돌파를 선택했다. 우리 역시 시험을 정면돌파하기 위해서는 세 가지 요건이 필요하다. 첫째는 시험의 목적에 대한 분명한 이해다. 하나님이 우리에게 시험을 허락하시는 목적이 무엇이라고 생각하는가?(참고/벧전 1:7; 신 8:16)

5. 시험을 정면돌파하기 위해 필요한 두 번째 요건은 시험을 허락하신 하나님의 성품과 능력에 대한 확고한 믿음이다. 다니엘의 세 친구들은 하나님을 어떤 분으로 고백하고 있는가?

• 16~17절/

6. 다니엘의 세 친구들은 "하나님이 우리를 풀무불 가운데서 건지실지도 모른다"라고 말하지 않았다. 그들은 '능히' 건져내실 수 있다고 고백했다. 그래서 불 같은 시험 속에서도 하나님께 맡기고 믿음으로 기다릴 수 있었다. 위기와 고난 속에서 당신이 고백하는 하나님은 어떤 분인가?

7. 시험을 정면돌파하기 위해 필요한 세 번째 요건은 '그리 아니하실지라도'의 믿음이다. 18절 말씀을 가지고 세 친구들의 믿음이 어떤 점에서 탁월한지 이야기해 보라.

8. '그리 아니하실지라도'의 고백은 쉬운 고백이 아니다. 다니엘의 세 친구는 사람들에게 용납받기 위해 하나님 앞에서 옳은 것을 포기하고 타협하라는 압박을 받고 있었다. 당신은 세상에서 사람들에게 용납받기 위해 어떤 식으로 타협하고 유혹받는지 나누어 보자. 그리고 무엇을 두려워하면 그런 마음이 드는지 이야기해 보자(참고 / 마 10:28).

삶의 열매를 거두며

시험이 없는 신앙생활은 없다. 마귀는 우리를 넘어뜨리려고 시험하지만, 하나님은 우리 믿음의 근육을 강화시키고 영적 성숙을 이루기 위해 우리를 시험하신다. 어떤 시험이 닥쳐오건 하나님의 주권을 인정하고 믿고 경외하는 '그리 아니하실지라도'의 신앙이 있다면 능히 감당할 수 있을 것이다. 이 신앙은 내가 손해 보는 것보다 더 중요한 고백의 의미를 담고 있다. 그것은 '자아'가 죽어도 좋다는 고백이다. 하나님은 오늘도 우리를 굽어보시며, '그리 아니 하실지라도' 자기 죽음을 선언하고 대가를 지불하겠다는 하나님의 사람들을 찾으신다.

05. 그리 아니하실지라도의 기적

다니엘 3:19~30

[19] 느부갓네살이 분이 가득하여 사드락과 메삭과 아벳느고를 향하여 얼굴빛을 바꾸고 명령하
여 이르되 그 풀무불을 뜨겁게 하기를 평소보다 칠 배나 뜨겁게 하라 하고 [20] 군대 중 용사
몇 사람에게 명령하여 사드락과 메삭과 아벳느고를 결박하여 극렬히 타는 풀무불 가운데에
던지라 하니라 [21] 그러자 그 사람들을 겉옷과 속옷과 모자와 다른 옷을 입은 채 결박하여 맹
렬히 타는 풀무불 가운데에 던졌더라 [22] 왕의 명령이 엄하고 풀무불이 심히 뜨거우므로 불꽃
이 사드락과 메삭과 아벳느고를 붙든 사람을 태워 죽였고 [23] 이 세 사람 사드락과 메삭과 아
벳느고는 결박된 채 맹렬히 타는 풀무불 가운데에 떨어졌더라 [24] 그때에 느부갓네살 왕이 놀
라 급히 일어나서 모사들에게 물어 이르되 우리가 결박하여 불 가운데에 던진 자는 세 사람
이 아니었느냐 하니 그들이 왕에게 대답하여 이르되 왕이여 옳소이다 하더라 [25] 왕이 또 말하
여 이르되 내가 보니 결박되지 아니한 네 사람이 불 가운데로 다니는데 상하지도 아니하였고
그 넷째의 모양은 신들의 아들과 같도다 하고 [26] 느부갓네살이 맹렬히 타는 풀무불 아귀 가까
이 가서 불러 이르되 지극히 높으신 하나님의 종 사드락, 메삭, 아벳느고야 나와서 이리로 오
라 하매 사드락과 메삭과 아벳느고가 불 가운데에서 나온지라 [27] 총독과 지사와 행정관과 왕
의 모사들이 모여 이 사람들을 본즉 불이 능히 그들의 몸을 해하지 못하였고 머리털도 그을
리지 아니하였고 겉옷 빛도 변하지 아니하였고 불 탄 냄새도 없었더라 [28] 느부갓네살이 말하
여 이르되 사드락과 메삭과 아벳느고의 하나님을 찬송할지로다 그가 그의 천사를 보내사 자
기를 의뢰하고 그들의 몸을 바쳐 왕의 명령을 거역하고 그 하나님 밖에는 다른 신을 섬기지
아니하며 그에게 절하지 아니한 종들을 구원하셨도다 [29] 그러므로 내가 이제 조서를 내리노니
각 백성과 각 나라와 각 언어를 말하는 자가 모두 사드락과 메삭과 아벳느고의 하나님께 경
솔히 말하거든 그 몸을 쪼개고 그 집을 거름터로 삼을지니 이는 이같이 사람을 구원할 다른
신이 없음이니라 하더라 [30] 왕이 드디어 사드락과 메삭과 아벳느고를 바벨론 지방에서 더욱
높이니라

마음의 문을 열며

그리스도인은 이 땅에 무엇 때문에 존재하는가? 우리는 부름 받은 하나님의 백성으로서의 특권을 지니고 있다. 동시에 세상에 보냄 받은 자로서의 소명을 가지고 있다. 이 소명이야말로 우리가 이 땅에 존재하는 참된 이유일 것이다. 악한 세상 속에서 하나님의 백성으로서 정체성을 지키고 구별된 삶을 살며 그분의 영광을 증거하는 것이 바로 우리에게 주신 소명이다. 물론 소명에 합당한 삶을 살기 위해서는 대가 지불이 필요하다. 때로 하나님의 때를 기다리며 은혜를 구하는 인고의 세월을 보내야 할 수도 있다.

그럴 때 오늘 본문은 우리에게 위대한 격려와 용기의 원천이 된다. 하나님이 다니엘의 세 친구들을 어떻게 고난 가운데서 구원하셨는지, 그 결과 이들이 어떻게 하나님께 영광을 돌리게 되었는지 보여 주기 때문이다. 고난 중에 있는가? 이 시간을 통해 '그리 아니하실지라도'의 기적을 기대하라.

말씀의 씨를 뿌리며

1. 다니엘의 세 친구들이 "금 신상에 절하지 않겠다"고 선언하자 어떤 일이 일어났는가?

• 19~23절/

2. 세 친구는 하나님을 배신하지 않고 하나님의 말씀에 순종하지만 결국 순교의 위험에 처하고 만다. 하나님 앞에 철저히 결단하고 순종할 때, 오히려 믿는 자들에게 고난이 닥치는 이유는 무엇이라고 생각하는가? (참고/ 요 15:20; 딤후 3:12)

3. 극렬히 끓는 풀무불 앞에서 '그리 아니하실지라도'의 믿음으로 정면돌파하는 것은 결코 쉬운 일이 아니다. 하지만 이러한 믿음을 가지고 순종할 때 하나님께서 베푸시는 특별한 은혜가 있다. 그것이 무엇인가? (참고/ 시 23:4)

• 25절/

4. 본문에 나오는 '신들의 아들' 이 누구인지는 신학자들 사이에 해석이 분분하다. 하지만 한 가지 분명한 사실은 우리가 고난당하는 그곳에 하나님이 함께하신다는 것이다. 고난 중에 있을 때 하나님이 함께하신다는 믿음을 갖는 것이 왜 중요하다고 생각하는가?

5. '그리 아니하실지라도' 의 믿음을 가진 다니엘의 세 친구들에게 어떤 기적이 일어났는가? (참고/ 시 91:9~12)

• 26~27절/

6. 흔히 다니엘의 세 친구 이야기를 나와는 무관한 일로 여기거나 오늘날에는 있을 수 없는 일로 치부하기 쉽다. 어쩌면 오늘 우리가 '그리 아니하실지라도' 의 기적을 맛보지 못하는 이유는 우리 안에 '그리 아니하실지라도' 의 믿음이 없기 때문일지 모른다. 당신의 삶에 신선함과 감격, 주님을 섬기는 열정과 환희가 있는가? 만일 그렇지 않다면 당신의 믿음을 진지하게 고민해 봐야 한다. 당신 안에 자리 잡고 있는 믿음은 어떤 믿음인지 믿음의 현주소를 점검해 보라.

7. 다니엘의 세 친구들이 내린 온전한 결단과 풀무불 속의 믿음은 세상을 뒤흔들어 놓았다. 이처럼 '그리 아니하실지라도'의 믿음에는 세상을 변화시키는 능력이 있다. 과연 그 변화란 무엇인가?

• 28~30절/

8. 다음 글을 읽고 하나님이 함께하신다는 믿음이 주는 위로를 경험한 적이 있다면 나누어 보자.

스코틀랜드 선교사 데이비드 리빙스턴(1813~1873)은 인생의 즐거운 것을 다 버리고 하나님의 부르심을 따라 선교사가 되었다. 의사였던 리빙스턴은 아프리카 내지 선교사가 되기 위해 이 땅에서 누릴 수 있었던 모든 것을 포기했다. 리빙스턴의 헌신으로 아프리카 선교의 문이 열렸고 노예 상인과 쇠사슬 때문에 단절되었던 아프리카 무역의 문도 함께 열렸다. 그는 사자에게 공격당하고 물리기도 했다. 그의 집은 전쟁으로 풍비박산이 났다. 그의 몸은 열과 이질, 설사로 엄청난 고생을 했으며, 그의 아내는 선교지에서 죽었다. 어떤 사람이 리빙스턴에게 말했다.

"박사님, 당신은 복음을 위해 참 많은 것을 희생하셨군요."

그러자 그는 이렇게 대답했다.

"희생이요? 가장 큰 희생은 하나님 뜻 밖에서 사는 것입니다."

또 어떤 이가 물었다.

"어떻게 그렇게 일할 수 있습니까? 당신이 누리는 은혜의 원천은 무엇입니까?"

그때 리빙스턴은 항상 자기 귀에 울리던 예수님의 말씀으로 대답했다.

"내가 너희에게 분부한 모든 것을 가르쳐 지키게 하라 볼지어다 내가 세상 끝날까지 너희와 항상 함께 있으리라 하시니라. 이 말씀은 마태복음 28장 20절 말씀입니다. 저는 이 말씀을 통해 깨달은 바가 있습니다. 그리스도께서 함께하지 아니하시면 한 걸음도 나아갈 수 없다는 것입니다. 반대로 그리스도께서 함께하신다면 어디든지 갈 수 있습니다."

삶의 열매를 거두며

하나님은 자신을 위해 기꺼이 목숨까지 내놓는 이들을 반드시 높여 주신다. 비록 그 일이 이 땅에서 이루어지지 않을지라도 하나님 나라에서는 반드시 세워 주신다. 이런 소망을 가질 때 우리는 '그리 아니하실지라도'의 믿음을 가질 수 있다. 우리를 무너뜨리는 것은 고난의 무게나 혹독함이 아닌, 우리 안에 소망이 소멸되는 데 있다. 당신에게 이 소망이 있는가? 당신이 직면한 고난을 이 소망을 가지고 믿음으로 정면돌파 할 수 있는가?

06. 교만한 자가 받는 형벌

다니엘 4:9~37

[9] 박수장 벨드사살아 네 안에는 거룩한 신들의 영이 있은즉 어떤 은밀한 것이라도 네게는 어
려울 것이 없는 줄을 내가 아노니 내 꿈에 본 환상의 해석을 내게 말하라 [10] 내가 침상에서 나
의 머리 속으로 받은 환상이 이러하니라 내가 본즉 땅의 중앙에 한 나무가 있는 것을 보았는
데 높이가 높더니 [11] 그 나무가 자라서 견고하여지고 그 높이는 하늘에 닿았으니 그 모양이 땅
끝에서도 보이겠고 [12] 그 잎사귀는 아름답고 그 열매는 많아서 만민의 먹을 것이 될 만하고
들짐승이 그 그늘에 있으며 공중에 나는 새는 그 가지에 깃들이고 육체를 가진 모든 것이 거
기에서 먹을 것을 얻더라 [13] 내가 침상에서 머리 속으로 받은 환상 가운데에 또 본즉 한 순찰
자, 한 거룩한 자가 하늘에서 내려왔는데 [14] 그가 소리 질러 이처럼 이르기를 그 나무를 베고
그 가지를 자르고 그 잎사귀를 떨고 그 열매를 헤치고 짐승들을 그 아래에서 떠나게 하고 새
들을 그 가지에서 쫓아내라 [15] 그러나 그 뿌리의 그루터기를 땅에 남겨 두고 쇠와 놋줄로 동
이고 그것을 들 풀 가운데에 두어라 그것이 하늘 이슬에 젖고 땅의 풀 가운데에서 짐승과 더
불어 제 몫을 얻으리라 [16] 또 그 마음은 변하여 사람의 마음 같지 아니하고 짐승의 마음을 받
아 일곱 때를 지내리라 [17] 이는 순찰자들의 명령대로요 거룩한 자들의 말대로이니 지극히 높
으신 이가 사람의 나라를 다스리시며 자기의 뜻대로 그것을 누구에게든지 주시며 또 지극히
천한 자를 그 위에 세우시는 줄을 사람들이 알게 하려 함이라 하였느니라 [18] 나 느부갓네살
왕이 이 꿈을 꾸었나니 너 벨드사살아 그 해석을 밝히 말하라 내 나라 모든 지혜자가 능히 내
게 그 해석을 알게 하지 못하였으나 오직 너는 능히 하리니 이는 거룩한 신들의 영이 네 안에
있음이라 [19] 벨드사살이라 이름한 다니엘이 한동안 놀라며 마음으로 번민하는지라 왕이 그에
게 말하여 이르기를 벨드사살아 너는 이 꿈과 그 해석으로 말미암아 번민할 것이 아니니라
벨드사살이 대답하여 이르되 내 주여 그 꿈은 왕을 미워하는 자에게 응하며 그 해석은 왕의
대적에게 응하기를 원하나이다 [20] 왕께서 보신 그 나무가 자라서 견고하여지고 그 높이는 하
늘에 닿았으니 땅 끝에서도 보이겠고 [21] 그 잎사귀는 아름답고 그 열매는 많아서 만민의 먹을
것이 될 만하고 들짐승은 그 아래에 살며 공중에 나는 새는 그 가지에 깃들었나이다 [22] 왕이

여 이 나무는 곧 왕이시라 이는 왕이 자라서 견고하여지고 창대하사 하늘에 닿으시며 권세는
땅 끝까지 미치심이니이다 23 왕이 보신즉 한 순찰자, 한 거룩한 자가 하늘에서 내려와서 이르
기를 그 나무를 베어 없애라 그러나 그 뿌리의 그루터기는 땅에 남겨 두고 쇠와 놋줄로 동이
고 그것을 들 풀 가운데에 두라 그것이 하늘 이슬에 젖고 또 들짐승들과 더불어 제 몫을 얻으
며 일곱 때를 지내리라 하였나이다 24 왕이여 그 해석은 이러하니이다 곧 지극히 높으신 이가
명령하신 것이 내 주 왕에게 미칠 것이라 25 왕이 사람에게서 쫓겨나서 들짐승과 함께 살며
소처럼 풀을 먹으며 하늘 이슬에 젖을 것이요 이와 같이 일곱 때를 지낼 것이라 그때에 지극
히 높으신 이가 사람의 나라를 다스리시며 자기의 뜻대로 그것을 누구에게든지 주시는 줄을
아시리이다 26 또 그들이 그 나무뿌리의 그루터기를 남겨 두라 하였은즉 하나님이 다스리시는
줄을 왕이 깨달은 후에야 왕의 나라가 견고하리이다 27 그런즉 왕이여 내가 아뢰는 것을 받으
시고 공의를 행함으로 죄를 사하고 가난한 자를 긍휼히 여김으로 죄악을 사하소서 그리하시
면 왕의 평안함이 혹시 장구하리이다 하니라 28 이 모든 일이 다 나 느부갓네살 왕에게 임하
였느니라 29 열두 달이 지난 후에 내가 바벨론 왕궁 지붕에서 거닐새 30 나 왕이 말하여 이르
되 이 큰 바벨론은 내가 능력과 권세로 건설하여 나의 도성으로 삼고 이것으로 내 위엄의 영
광을 나타낸 것이 아니냐 하였더니 31 이 말이 아직도 나 왕의 입에 있을 때에 하늘에서 소리
가 내려 이르되 느부갓네살 왕아 네게 말하노니 나라의 왕위가 네게서 떠났느니라 32 네가 사
람에게서 쫓겨나서 들짐승과 함께 살면서 소처럼 풀을 먹을 것이요 이와 같이 일곱 때를 지
내서 지극히 높으신 이가 사람의 나라를 다스리시며 자기의 뜻대로 그것을 누구에게든지 주
시는 줄을 알기까지 이르리라 하더라 33 바로 그때에 이 일이 나 느부갓네살에게 응하므로 내
가 사람에게 쫓겨나서 소처럼 풀을 먹으며 몸이 하늘 이슬에 젖고 머리털이 독수리 털과 같
이 자랐고 손톱은 새 발톱과 같이 되었더라 34 그 기한이 차매 나 느부갓네살이 하늘을 우러
러 보았더니 내 총명이 다시 내게로 돌아온지라 이에 내가 지극히 높으신 이에게 감사하며
영생하시는 이를 찬양하고 경배하였나니 그 권세는 영원한 권세요 그 나라는 대대에 이르리
로다 35 땅의 모든 사람들을 없는 것 같이 여기시며 하늘의 군대에게든지 땅의 사람에게든지
그는 자기 뜻대로 행하시나니 그의 손을 금하든지 혹시 이르기를 네가 무엇을 하느냐고 할
자가 아무도 없도다 36 그때에 내 총명이 내게로 돌아왔고 또 내 나라의 영광에 대하여도 내
위엄과 광명이 내게로 돌아왔고 또 나의 모사들과 관원들이 내게 찾아오니 내가 내 나라에서
다시 세움을 받고 또 지극한 위세가 내게 더하였느니라 37 그러므로 지금 나 느부갓네살은 하
늘의 왕을 찬양하며 칭송하며 경배하노니 그의 일이 다 진실하고 그의 행하심이 의로우시므
로 교만하게 행하는 자를 그가 능히 낮추심이라

마음의 문을 열며

오늘 우리가 배우게 될 다니엘서 4장은 자신의 권력에 흠뻑 빠져 기고만장했던 느부갓네살의 자전적 이야기이자 영적 일대기이다. 이 이야기를 통해 하나님이 교만한 자를 어떻게 다루시는지 볼 수 있다.

이 시간 우리의 인생을 갉아먹는 교만의 쓴 뿌리가 우리 안에는 없는지, 우리 안에 똬리를 틀고 있는 교만과 어떻게 싸워 이겨낼 수 있는지 배워보자.

말씀의 씨를 뿌리며

1. 오늘 우리가 함께 읽은 본문은 크게 세 장면으로 구성되어 있다. 첫 번째 장면은 왕에게 파멸이 경고되는 부분이다. 느부갓네살 왕이 꿈에 본 환상의 내용은 무엇인지 요약해 보라.

- 10~17절/

2. 두 번째 장면은 다니엘이 느부갓네살 왕의 꿈을 해석하는 과정이다. 왕이 꿈에 본 환상이 의미하는 바는 무엇인지 정리해 보라(20~26절).

- 견고하고 높은 나무/

- 순찰자/

- 나무를 벰/

• 그루터기/

• 일곱 때/

3. 다니엘이 느부갓네살 왕에게 전해야 할 내용은 좋은 소식이 아니었다. 그것은 곧 왕에게 임박한 심판에 관한 내용이었다. 그런데 심판의 메시지를 전하는 다니엘에게서 배울 수 있는 마음과 자세가 있다. 그것이 무엇인지 살펴보라 (참고/ 딤후 2:24~25; 욘 4:10~11).

• 19절/

• 27절/

4. 세 번째 장면은 느부갓네살 왕이 본 환상이 실제로 이루어지는 장면이다. 다니엘의 해석을 들은 느부갓네살 왕은 어떻게 반응했는가?

• 30절/

5. 혹시 당신에게도 느부갓네살과 같은 모습은 없는가? 하나님께서 주신 재능이나 환경, 축복을 오히려 자기 능력의 자랑거리로 삼거나, 현실의 고통과 고난을 하나님의 주권에 도전하는 기회로 삼진 않았는지 정직하게 돌아보라.

6. 하나님은 꿈을 보여 주신 이후로도 열두 달 동안 느부갓네살에게 회개의 기회를 주셨다(29절). 하지만 회개는커녕 오히려 자아도취에 빠져 교만해졌다. 하나님은 느부갓네살의 교만을 어떻게 다루셨는가? (참고/ 행 12:21~23)

• 31~33절/

7. 하나님은 우리의 삶에도 짐승이 되어 풀을 뜯는 것처럼 처참함을 허락하실 때가 있다. 우리의 죄와 잘못에 대해 단호히 대처하시는 것이다. 제국의 왕으로서 세상 권력의 모든 것을 경험했던 느부갓네살의 고백에서 그 이유를 찾아보라.

• 37절/

8. 느부갓네살 왕이 하늘을 우러러 보자 어떤 일이 일어났는가? 그리고 회개하며 하나님을 찬양할 때 어떤 결과가 찾아왔는가?

• 34~36절/

삶의 열매를 거두며

하나님은 교만한 자를 낮추시고, 거만한 자를 다루시기 원하신다. 왜냐하면 인생의 흥망성쇠 가운데 가장 파괴적인 태도가 교만이기 때문이다. 이 교만의 유혹을 이겨내려면 마음속에 다음과 같은 확신을 가져야 한다. 당신 안에 이 같은 확신이 있는가? 왜 이러한 확신이 중요한가?

- 교만과 싸워 이기려면 어떤 경우에도 '하나님이 나를 다스린다'는 사실을 믿어야 한다.
- 교만과 싸워 이기려면 '나의 강점'이 하나님이 주신 선물임을 잊지 말아야 한다.
- 교만과 싸워 이기려면 나 같은 죄인을 구원하신 '복음의 감격'을 잊지 말아야 한다.

07. 하나님의 저울에 부족한 자

다니엘 5:1~9, 17~31

1 벨사살 왕이 그의 귀족 천 명을 위하여 큰 잔치를 베풀고 그 천 명 앞에서 술을 마시니라
2 벨사살이 술을 마실 때에 명하여 그의 부친 느부갓네살이 예루살렘 성전에서 탈취하여 온
금, 은 그릇을 가져오라고 명하였으니 이는 왕과 귀족들과 왕후들과 후궁들이 다 그것으로
마시려 함이었더라 3 이에 예루살렘 하나님의 전 성소 중에서 탈취하여 온 금 그릇을 가져
오매 왕이 그 귀족들과 왕후들과 후궁들과 더불어 그것으로 마시더라 4 그들이 술을 마시고
는 그 금, 은, 구리, 쇠, 나무, 돌로 만든 신들을 찬양하니라 5 그때에 사람의 손가락들이 나
타나서 왕궁 촛대 맞은편 석회벽에 글자를 쓰는데 왕이 그 글자 쓰는 손가락을 본지라 6 이
에 왕의 즐기던 얼굴 빛이 변하고 그 생각이 번민하여 넓적다리 마디가 녹는 듯하고 그의
무릎이 서로 부딪친지라 7 왕이 크게 소리 질러 술객과 갈대아 술사와 점쟁이를 불러오게
하고 바벨론의 지혜자들에게 말하되 누구를 막론하고 이 글자를 읽고 그 해석을 내게 보이
면 자주색 옷을 입히고 금사슬을 그의 목에 걸어 주리니 그를 나라의 셋째 통치자로 삼으리
라 하니라 8 그때에 왕의 지혜자가 다 들어왔으나 능히 그 글자를 읽지 못하며 그 해석을
왕께 알려 주지 못하는지라 9 그러므로 벨사살 왕이 크게 번민하여 그의 얼굴빛이 변하였고
귀족들도 다 놀라니라

17 다니엘이 왕에게 대답하여 이르되 왕의 예물은 왕이 친히 가지시며 왕의 상급은 다른 사
람에게 주옵소서 그럴지라도 내가 왕을 위하여 이 글을 읽으며 그 해석을 아뢰리이다 18 왕
이여 지극히 높으신 하나님이 왕의 부친 느부갓네살에게 나라와 큰 권세와 영광과 위엄을
주셨고 19 그에게 큰 권세를 주셨으므로 백성들과 나라들과 언어가 다른 모든 사람들이 그의
앞에서 떨며 두려워하였으며 그는 임의로 죽이며 임의로 살리며 임의로 높이며 임의로 낮추
었더니 20 그가 마음이 높아지며 뜻이 완악하여 교만을 행하므로 그의 왕위가 폐한 바 되며
그의 영광을 빼앗기고 21 사람 중에서 쫓겨나서 그의 마음이 들짐승의 마음과 같았고 또 들
나귀와 함께 살며 또 소처럼 풀을 먹으며 그의 몸이 하늘 이슬에 젖었으며 지극히 높으신
하나님이 사람 나라를 다스리시며 자기의 뜻대로 누구든지 그 자리에 세우시는 줄을 알기에

이르렀나이다 [22] 벨사살이여 왕은 그의 아들이 되어서 이것을 다 알고도 아직도 마음을 낮
추지 아니하고 [23] 도리어 자신을 하늘의 주재보다 높이며 그의 성전 그릇을 왕 앞으로 가져
다가 왕과 귀족들과 왕후들과 후궁들이 다 그것으로 술을 마시고 왕이 또 보지도 듣지도 알
지도 못하는 금, 은, 구리, 쇠와 나무, 돌로 만든 신상들을 찬양하고 도리어 왕의 호흡을 주
장하시고 왕의 모든 길을 작정하시는 하나님께는 영광을 돌리지 아니한지라 [24] 이러므로 그
의 앞에서 이 손가락이 나와서 이 글을 기록하였나이다 [25] 기록된 글자는 이것이니 곧 메네
메네 데겔 우바르신이라 [26] 그 글을 해석하건대 메네는 하나님이 이미 왕의 나라의 시대를
세어서 그것을 끝나게 하셨다 함이요 [27] 데겔은 왕을 저울에 달아 보니 부족함이 보였다 함
이요 [28] 베레스는 왕의 나라가 나뉘어서 메대와 바사 사람에게 준 바 되었다 함이니이다 하
니 [29] 이에 벨사살이 명하여 그들이 다니엘에게 자주색 옷을 입히게 하며 금 사슬을 그의 목
에 걸어 주고 그를 위하여 조서를 내려 나라의 셋째 통치자로 삼으니라 [30] 그날 밤에 갈대
아 왕 벨사살이 죽임을 당하였고 [31] 메대 사람 다리오가 나라를 얻었는데 그때에 다리오는
육십이 세였더라

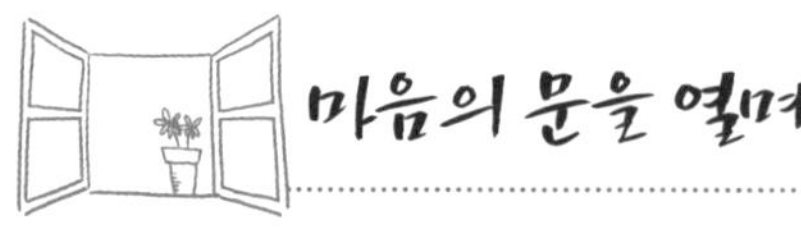

다니엘서 4장과 5장 사이에는 20여 년의 시간이 흐르고 있다. 이 기간 동안 바벨론에는 여러 무능한 왕들이 왕권을 이어갔고, 이제 5장에 등장한 벨사살이라는 젊은 왕은 제국의 영광과 권세를 과신하며 귀족들과 함께 쾌락과 유흥의 밤을 보내고 있었다. 하지만 인간이 쌓아 올린 영광은 눈 깜짝할 사이에 무너질 수 있다. 오늘 본문도 바벨론이라는 거대한 제국이 어떻게 하룻밤 만에 무너지는지 보여 준다. 악인에게는 그 재앙이 갑자기 임한즉, 도움을 얻지 못하고 패망하고 만다는 성경의 경고가 결코 허언이 아님을 알 수 있다(잠 6:15).

안타까운 것은 하룻밤 만에 사라진 세상의 영광과 즐거움에 매여 자신을 돌아보지 못하는 벨사살의 어리석음이 오늘 우리에게도 반복된다는 사실이다. 그런데 이렇게 한순간에 멸망에 빠지는 인간과 국가에게 나타나는 공통적인 특징이 있다. 그것이 무엇인지 이 시간 배워 보자.

말씀의 씨를 뿌리며

1. 벨사살이 큰 잔치를 베풀 때 어떤 일이 일어났는가?

• 5~6절/

2. 벽에 쓰인 글자로 인해 잔치는 순식간에 공포의 현장으로 변하고 만다. 그 광경을 보고 벨사살 왕은 어떤 행동을 취했는가? 여기서 알 수 있는 인간의 어리석음은 무엇인가?

• 7~9절/

3. 어느덧 다니엘의 나이도 족히 80세는 되었을 것이다. 하지만 그는 여전히 젊은 날에 가졌던 변함없는 신앙의 절개를 지키고 있었다. 벨사살 왕은 엄청난 재물과 권력을 약속하며 벽에 쓰인 글자를 해석해 달라고 청한다. 하지만 그는 조금도 흔들림 없이 하나님의 말씀을 있는 그대로 전했다. 그 내용이 무엇인가?

• 25~28절/

4. 하나님은 벨사살의 시대를 세어 보셨고, 그의 삶의 무게를 달아보셨다. 하지만 너무 부족하여 하나님의 심판을 면할 수 없었다. 그는 어떤 점에서 하나님의 저울에 함량미달이었는가?

- 1~4절/

- 22절/

- 23절/

5. 당시 바벨론 궁중은 이미 메대 바사 제국의 다리오 군대에 의해 포위되어 있었다. 그런데도 벨사살 왕은 바벨론이 난공불락의 성임을 과시하면서 쾌락과 술 취함에 빠져 있었다. 혹시 당신에게도 이런 위험은 없는가?(참고/ 벧전 4:3)

6. 또한 벨사살 왕은 조상 느부갓네살이 하나님 앞에 교만하여 어떤 비참한 일을 당했는지 알면서도 마음을 낮추지 않았다. 인간은 알

면서도 행하지 않는 죄 된 속성을 갖고 있다. 우리 역시 알면서도 범죄할 때가 얼마나 많은가? 자신의 모습을 정직히 돌아보고 양심의 가책이 생기는 부분은 없는지 점검해 보라(참고/ 약 1:22).

7. 벨사살 왕은 단순히 하나님의 말씀을 알고도 행하지 않는 데서 멈추지 않았다. 오히려 의도적으로 하나님을 모독하기에 이르렀다. 하지만 하나님의 경고를 무시한 그의 인생은 결국 어떻게 끝을 맺는가?(참고/ 잠 29:1)

- 30절/

8. 하나님은 자신의 저울에 함량미달일 때 경고를 내리신다. D. L. 무디가 다니엘서 4장을 묵상하면서 기록한 다음의 글을 읽고 나에게 주시는 하나님의 경고는 무엇인지, 나는 어떤 부분에서 자만이나 교만에 쉽게 빠지는지 나누어 보자.

거대한 연회, 벨사살과 수천의 군주들이 모였다.
금잔으로 술을 마신다.
한밤중, 왕의 연회장 한가운데

갑자기 거대한 손이 나타난다.
경악하는 무리들.
용감한 포로 다니엘이 왕좌 앞에 버티고 서서
교만한 왕을 꾸짖는다.
벽에 쓴 글씨대로 네 운명은 이제 끝났다.
손가락의 글씨대로 왕국의 기한이 다 되었다.
믿음과 열정, 용기와 바르게 함으로 행한 것을 보라.
비밀의 글씨를 다니엘에게 알려 준 이는 성령이시니
유대의 집에서 포로로 끌려 온 왕궁에서
다니엘은 하나님의 글씨를 읽고 해석했다.
하나님은 우리의 행동을 벽에 기록하시니
죄인이여! 예수님께 돌아오라.
주님 앞에 무릎을 꿇으라.
그날이 가까워 오니 그날이 문 밖에 와 있으니
죄인이여! 그대의 운명이
마지막 벽에 결정적으로 기록되기 전에 돌아오라.
돌아오라.

삶의 열매를 거두며

하나님은 벨사살 왕에게 "이 어리석은 자야, 내가 저울에 달아 보니 너는 함량미달이구나"라고 경고하셨다. 하지만 그는 회개하지 않았고, 그 결과 그날 밤 심판을 받았다. 여기에서 우리가 기억해야 할 사실이 있다. 하나님의 경고의 목적이 회개와 보호에 있다는 것이다. 당신을 향한 하나님의 경고에 겸허히 귀를 기울이고 진실한 회개를 드려 보라. 그리고 어떻게 경고의 자리에서 돌아설 것인지 구체적으로 결단하라.

08. 믿는 자의 신앙을 선포하다

다니엘 6:1~14

1 다리오가 자기의 뜻대로 고관 백이십 명을 세워 전국을 통치하게 하고 2 또 그들 위에 총리
셋을 두었으니 다니엘이 그 중의 하나이라 이는 고관들로 총리에게 자기의 직무를 보고하게
하여 왕에게 손해가 없게 하려 함이었더라 3 다니엘은 마음이 민첩하여 총리들과 고관들 위에
뛰어나므로 왕이 그를 세워 전국을 다스리게 하고자 한지라 4 이에 총리들과 고관들이 국사에
대하여 다니엘을 고발할 근거를 찾고자 하였으나 아무 근거, 아무 허물도 찾지 못하였으니 이
는 그가 충성되어 아무 그릇됨도 없고 아무 허물도 없음이었더라 5 그들이 이르되 이 다니엘
은 그 하나님의 율법에서 근거를 찾지 못하면 그를 고발할 수 없으리라 하고 6 이에 총리들과
고관들이 모여 왕에게 나아가서 그에게 말하되 다리오 왕이여 만수무강 하옵소서 7 나라의 모
든 총리와 지사와 총독과 법관과 관원이 의논하고 왕에게 한 법률을 세우며 한 금령을 정하실
것을 구하나이다 왕이여 그것은 곧 이제부터 삼십일 동안에 누구든지 왕 외의 어떤 신에게나
사람에게 무엇을 구하면 사자 굴에 던져 넣기로 한 것이니이다 8 그런즉 왕이여 원하건대 금
령을 세우시고 그 조서에 왕의 도장을 찍어 메대와 바사의 고치지 아니하는 규례를 따라 그것
을 다시 고치지 못하게 하옵소서 하매 9 이에 다리오 왕이 조서에 왕의 도장을 찍어 금령을 내
니라 10 다니엘이 이 조서에 왕의 도장이 찍힌 것을 알고도 자기 집에 돌아가서는 윗방에 올라
가 예루살렘으로 향한 창문을 열고 전에 하던 대로 하루 세 번씩 무릎을 꿇고 기도하며 그의
하나님께 감사하였더라 11 그 무리들이 모여서 다니엘이 자기 하나님 앞에 기도하며 간구하는
것을 발견하고 12 이에 그들이 나아가서 왕의 금령에 관하여 왕께 아뢰되 왕이여 왕이 이미 금
령에 왕의 도장을 찍어서 이제부터 삼십 일 동안에는 누구든지 왕 외의 어떤 신에게나 사람에
게 구하면 사자 굴에 던져 넣기로 하지 아니하였나이까 하니 왕이 대답하여 이르되 이 일이
확실하니 메대와 바사의 고치지 못하는 규례니라 하는지라 13 그들이 왕 앞에서 말하여 이르되
왕이여 사로잡혀 온 유다 자손 중에 다니엘이 왕과 왕의 도장이 찍힌 금령을 존중하지 아니하
고 하루 세 번씩 기도하나이다 하니 14 왕이 이 말을 듣고 그로 말미암아 심히 근심하여 다니
엘을 구원하려고 마음을 쓰며 그를 건져내려고 힘을 다하다가 해가 질 때에 이르렀더라

마음의 문을 열며

예수를 믿고 나서 누구나 느끼는 난제가 하나 있다. 그것은 악한 세상 속에서 어떻게 믿음을 지키며 살 수 있는가에 대한 문제다. 세상 속에서 믿음을 지키며 살아가는 것은 결코 쉬운 일이 아니다. 우리가 신앙생활을 할 때 특히 조심해야 할 두 가지 극단적인 형태가 있다. 첫째는 분리주의적 신앙으로 더러운 세상 속에서 때 묻지 않으려고 세상과 완전히 담을 쌓는 것이다. 둘째는 타협주의로 문제의식 없이 세상에 깊이 빠져 사는 것이다.

이 양극단 사이에서 어떻게 살아가는 것이 지혜로운 방법일까? 가장 좋은 방법은 우리 앞에 걸어간 선배의 삶을 통해 배우는 것이다. 바로 다니엘이 그 대표적인 인물이라고 할 수 있다. 이제 오늘 말씀을 통해 믿는 자로서 자신의 신앙을 어떻게 올곧게 선포하며 살아야 할지 배우도록 하자.

말씀의 씨를 뿌리며

1. 벨사살 왕과 그의 제국 바벨론이 망하고, 메대 페르시아를 다스렸던 통치자 다리오 왕이 바벨론을 취하게 된다. 새롭게 통치자로 등극한 다리오는 어떻게 내각을 정비했는가?

- 1~3절/

2. 다니엘은 타락한 바벨론과 메대 페르시아의 이방 정치제도 아래에서 살아야만 했다. 하지만 이 세상 일이 더럽다며 아예 손을 뗀 것이 아니라, 오히려 주님이 주신 은사를 최대한 발휘하여 이방나라를 섬겼다. 여든이 넘은 나이에도 불구하고, 더욱이 66년이 넘도록 정권이 세 번이나 교체되는 혼란 속에서도 실력과 역량을 갖춘 지도자로 영향력을 행사했다. 특히 어떤 점에서 세상마저도 인정하는 삶을 살았는가?

- 4절/

3. 왜 충성스러운 삶의 태도가 악한 세상을 살아가는 데 필요하다고 생각하는가? (참고/ 고전 4:2; 잠 13:17, 25:13)

4. 당시의 총리들과 고관들은 다니엘을 고발하고자 했으나 어떤 허물도 찾지 못했다고 성경은 증거한다. 살면서 당신이 자주 범하는 부주의나 어리석은 행동은 무엇인가? 이를 고치기 위해서는 어떤 노력이 필요하다고 생각하는가?

5. 우리는 다니엘을 통해서 그리스도인이 추구해야 할 또 다른 삶의 원칙을 발견할 수 있다. 그것이 무엇인가? (참고/ 롬 12:2)

- 5절/

6. 세상은 다니엘과 같은 참 그리스도인에 대해 두 가지로 반응한다. 하나는 다리오 왕처럼 다니엘의 지혜와 신실함을 높이 평가하고 큰 직분과 책임을 맡기는 것이다. 또 하나는 다니엘을 못마땅하게 여겼던 다른 총리들처럼 참소하는 것이다. 대부분 후자에 속하며 이들은 유능하고 성실한 그리스도인들을 가만 두지 않는다. 세상이 핍박할 때 믿는 자로서 어떻게 대처하는 것이 바람직하다고 생각하는가? (참고/ 1:8)

- 10~11절/

7. 세상 사람들이 우리의 신앙을 빌미로 핍박해 올 때, 이를 이기는 가장 좋은 방법은 더욱 담대히 자신의 신앙을 선포하는 것이다. 믿지 않는 사람들에게 믿는 자로서 자신의 신앙을 선포함으로 오히려 고난이나 핍박, 어려움을 이겨냈던 경험이 있다면 나누어 보라.

8. 다음 글을 읽고 다니엘처럼 세상에서 인정받고 영향력 있는 삶을 살기 위해 당신에게 필요한 것은 무엇인지 나누어 보자.

필립 얀시는 천국 시민권을 가지고 이 땅을 살아가는 그리스도인을 마치 물 속과 육지, 두 세계를 두루 살아가는 양서류에 비교했다. 그리스도인은 서로 본질적으로 다른 물질 세계와 영적 세계, 두 세계에서 지혜롭게 살아가야 하기 때문이다.

예수님은 유능한 목수셨다. 하지만 예수님은 유능한 목수로 끝나지 않고 인류의 구원자가 되셨다. 사도 바울은 텐트 메이커이면서 이방선교의 아버지가 되었다. 자주 장사 루디아는 훌륭한 여류실업가로서 빌립보 교회 개척의 기둥이 되었다. 자기의 직업이 있지만 믿음의 작품을 남기며 살았던 것이다.

이 세상에서 빛과 소금이 된다는 것은 결코 쉽지 않다. 제대로 된 신앙인, 사회인으로 산다는 것은 힘든 일이다. 비즈니스도 잘하면서 하나님의 공의를 드러내기란 어려운 일이다. 하지만 균형 잡힌 그리스도인은 신앙인과 사회인의 경계선에서 거룩한 긴장을 유지하며 건강하게 살아가야 한다. 이 긴장을 늦추지 않을 때 우리도 다니엘처럼 지혜로운 믿음의 증거자가 될 수 있다.

삶의 열매를 거두며

하나님과 세상 앞에서 충성된 자로 살고 싶지 않은가? 하나님의 자녀임을 선포하기 위해서 다니엘이 왕의 진미를 거절한 것처럼, 우리는 이 세상이 주는 가치관과 술, 담배를 절제하고, 하나님 앞에서 성적으로 더럽히지 않는 것으로 하나님의 자녀임을 선포할 수 있다. 찬바람 북풍한설이 와도 그 푸름을 잃지 않는 상록수처럼 어려움과 고난이 와도 소망의 노래를 부르고 싶지 않은가? 세상에 무릎 꿇지 않고 영적 지조와 절개를 지키며 살고 싶지 않은가? 나의 삶이 하나님 나라를 세우는 데 쓰임 받고 싶지 않은가? 이것이 단순히 소원으로 그치는 것이 아니라 삶의 증거로 드러나야 할 것이다. 오늘 말씀을 통해 각자 받은 도전을 이야기하고 서로 격려하자.

09. 하루에 세 번, 정한 시간에 기도하다

다니엘 6:10~14

10 다니엘이 이 조서에 왕의 도장이 찍힌 것을 알고도 자기 집에 돌아가서는 윗방에 올라가
예루살렘으로 향한 창문을 열고 전에 하던 대로 하루 세 번씩 무릎을 꿇고 기도하며 그의 하
나님께 감사하였더라 11 그 무리들이 모여서 다니엘이 자기 하나님 앞에 기도하며 간구하는
것을 발견하고 12 이에 그들이 나아가서 왕의 금령에 관하여 왕께 아뢰되 왕이여 왕이 이미
금령에 왕의 도장을 찍어서 이제부터 삼십 일 동안에는 누구든지 왕 외의 어떤 신에게나 사
람에게 구하면 사자 굴에 던져 넣기로 하지 아니하였나이까 하니 왕이 대답하여 이르되 이
일이 확실하니 메대와 바사의 고치지 못하는 규례니라 하는지라 13 그들이 왕 앞에서 말하여
이르되 왕이여 사로잡혀 온 유다 자손 중에 다니엘이 왕과 왕의 도장이 찍힌 금령을 존중하
지 아니하고 하루 세 번씩 기도하나이다 하니 14 왕이 이 말을 듣고 그로 말미암아 심히 근심
하여 다니엘을 구원하려고 마음을 쓰며 그를 건져내려고 힘을 다하다가 해가 질 때에 이르렀
더라

마음의 문을 열며

다니엘은 심지어 자신을 괴롭히고 끌어내리려는 정적들조차도 좌절을 느낄 정도로 흠이 없는 사람이었다. 급기야 정적들은 다니엘의 신앙을 가지고 모함하려 했다. 세상은 믿는 자들을 쉽게 인정하지 않는다. 끊임없이 더욱 강력한 수단으로 도전해 온다.

오늘날 우리에게 있는 심각한 문제 중 하나는 이러한 도전을 두려워하고 피하려 한다는 것이다. 다니엘은 이러한 음모를 알고도 전혀 두려워하지 않았다. 또한 그는 당시 최고의 관리였기 때문에 그러한 계획을 사전에 알았을 것이고, 자신의 영향력을 이용하여 음모에서 빠져나갈 수도 있었을 것이다. 하지만 다니엘은 인간적인 술수 대신 정면돌파하기로 했다. 그는 세상과 맞서 승리하기 위해 필요한 비결이 무엇인지 알고 있었기 때문이다. 이 시간 그것이 무엇인지 배워보도록 하자.

말씀의 씨를 뿌리며

1. 다니엘은 왕의 도장이 찍힌 칙령이 선포된 것을 알고도 어떻게 행동했는가?
   - 10절/

2. 다락방에 올라가 예루살렘을 향하여 창문을 열고 하나님께 기도하는 다니엘의 모습에서 무엇을 배우게 되는가? (참고/ 행 3:1; 사 40:31)

3. 우리가 습관적으로 율법에 얽매여 세 번씩 기도하는 것은 잘못된 것인지도 모른다. 하지만 시간을 정해 놓고 기도하는 습관은 하나님의 능력을 체험하는 비결이다. 이 시대를 살아가는 우리는 무엇보다 이 기도의 습관을 회복해야 한다. 당신은 어떤 기도의 습관을 가지고 있는가? 그리고 이를 통해 체험한 은혜가 있다면 나누어 보라.

4. 꾸준한 기도의 습관과 더불어 다니엘에게서 발견할 수 있는 기도의 모범이 있다. 그것이 무엇인가? (참고/ 행 16:25)

• 10절/

5. 위기 앞에서 다니엘은 하나님을 원망하고 불평을 쏟아내기는커녕 감사했다. 어떻게 하면 고난의 행군을 하면서도 감사와 찬양의 기도를 드릴 수 있겠는가? (참고/ 시 42:5)

6. 다니엘의 기도하는 모습 속에서 배울 수 있는 또 하나의 중요한 자세가 있다. 그것이 무엇인가?

• 11절/

7. 인생의 큰 어려움을 만났을 때 우리가 할 수 있는 최선의 방법은 기도로 하나님께 우리를 맡기는 것이다. 이처럼 하나님께 온전히 의탁할 때 어떤 은혜를 베풀어 주시는가?

• 베드로전서 5:7/ ……………………………………

……………………………………………………

……………………………………………………

• 시편 55:22/ ……………………………………

……………………………………………………

……………………………………………………

• 이사야 58:9/ ……………………………………

……………………………………………………

……………………………………………………

8. 다음 글을 읽고 느낀 점을 나누어 보자.

성경의 위대한 인물들은 한결같이 기도생활에서 승리한 기도의 용사들이었다. 아브라함을 보라. 그는 가는 곳마다 주님께 기도드렸다. 이삭 또한 저녁 때 들에 나가 묵상할 만큼 묵상기도의 대가였다(창 24:63). 야곱은 열정적인 기도의 사람이었다. 여호수아는 새벽기도의 대장이었다. 모세는 하나님의 백성을 위해 시간을 정해 놓고 간절한 마음으로 기도하던 중보기도의 대가였다. 그런가 하면 누가복음 18장에 나오는 억울한 과부는 시간을 정해 놓고 습관을 좇아 기도드렸다. 예수님은 습관을 좇아 기도하시며 숨을 쉬듯 늘 기도하시는 가장 완벽한 기도의 모범이셨다.

예루살렘 성전 미문에 앉았던 앉은뱅이가 어떻게 벌떡 일어났는가. 습관을 좇아 제 9시만 되면 합심기도를 했던 베드로와 요한 때문이 아닌가. 이 기도를 통해 받은 영권으로 성전 미문에 앉아 있던 앉은뱅이를 일으키는 능력의 사자가 된 것이다.

삶의 열매를 거두며

여든이 넘도록 살아오면서 다니엘은 인생의 우선순위를 정할 줄 알았다. 치밀한 음모와 혹독한 현실 속에서도 하루 세 번씩 시간과 장소를 구별하여 하나님 앞에 기도하는 그의 우선순위엔 변함이 없었다. 그는 청소년기에 뜻을 정하고, 청년기에 품은 위대한 꿈을 80대 중반이 될 때까지 계속 발전시켰다. 평생 그토록 아름다운 영적 지조와 푸른 소나무와 같은 절개를 지킬 수 있었던 것은 그의 습관적이고 체질화된 기도생활 때문이었다. 최악의 상황에서 주님께 모든 것을 맡기는 최선의 선택을 하기 위해 당신의 기도생활을 어떻게 변화시키겠는가?

10. 위기의 순간이 구원의 순간이다

다니엘 6:14~28

[14] 왕이 이 말을 듣고 그로 말미암아 심히 근심하여 다니엘을 구원하려고 마음을 쓰며 그를 건
져내려고 힘을 다하다가 해가 질 때에 이르렀더라 [15] 그 무리들이 또 모여 왕에게로 나아와서
왕께 말하되 왕이여 메대와 바사의 규례를 아시거니와 왕께서 세우신 금령과 법도는 고치지 못
할 것이니이다 하니 [16] 이에 왕이 명령하매 다니엘을 끌어다가 사자 굴에 던져 넣는지라 왕이
다니엘에게 이르되 네가 항상 섬기는 너의 하나님이 너를 구원하시리라 하니라 [17] 이에 돌을 굴
려다가 굴 어귀를 막으매 왕이 그의 도장과 귀족들의 도장으로 봉하였으니 이는 다니엘에 대한
조치를 고치지 못하게 하려 함이었더라 [18] 왕이 궁에 돌아가서는 밤이 새도록 금식하고 그 앞에
오락을 그치고 잠자기를 마다하니라 [19] 이튿날에 왕이 새벽에 일어나 급히 사자 굴로 가서 [20] 다
니엘이 든 굴에 가까이 이르러서 슬피 소리 질러 다니엘에게 묻되 살아 계시는 하나님의 종 다
니엘아 네가 항상 섬기는 네 하나님이 사자들에게서 능히 너를 구원하셨느냐 하니라 [21] 다니엘
이 왕에게 아뢰되 왕이여 원하건대 왕은 만수무강 하옵소서 [22] 나의 하나님이 이미 그의 천사를
보내어 사자들의 입을 봉하셨으므로 사자들이 나를 상해하지 못하였사오니 이는 나의 무죄함이
그 앞에 명백함이오며 또 왕이여 나는 왕에게도 해를 끼치지 아니하였나이다 하니라 [23] 왕이 심
히 기뻐서 명하여 다니엘을 굴에서 올리라 하매 그들이 다니엘을 굴에서 올린즉 그의 몸이 조
금도 상하지 아니하였으니 이는 그가 자기의 하나님을 믿음이었더라 [24] 왕이 말하여 다니엘을
참소한 사람들을 끌어오게 하고 그들을 그들의 처자들과 함께 사자 굴에 던져 넣게 하였더니
그들이 굴 바닥에 닿기도 전에 사자들이 곧 그들을 움켜서 그 뼈까지도 부서뜨렸더라 [25] 이에
다리오 왕이 온 땅에 있는 모든 백성과 나라들과 언어가 다른 모든 사람들에게 조서를 내려 이
르되 원하건대 너희에게 큰 평강이 있을지어다 [26] 내가 이제 조서를 내리노라 내 나라 관할 아
래에 있는 사람들은 다 다니엘의 하나님 앞에서 떨며 두려워할지니 그는 살아 계시는 하나님이
시요 영원히 변하지 않으실 이시며 그의 나라는 멸망하지 아니할 것이요 그의 권세는 무궁할
것이며 [27] 그는 구원도 하시며 건져내기도 하시며 하늘에서든지 땅에서든지 이적과 기사를 행
하시는 이로서 다니엘을 구원하여 사자의 입에서 벗어나게 하셨음이라 하였더라 [28] 이 다니엘
이 다리오 왕의 시대와 바사 사람 고레스 왕의 시대에 형통하였더라

마음의 문을 열며

지금도 많은 그리스도인들이 순교를 당하고 있다. 신실한 그리스도인들이 당하는 고통과 핍박에 대한 소식을 접할 때마다 마음속에 의심과 희망, 자책감과 소망, 분노와 믿음이 함께 생기곤 한다. 믿는 이들에게 일어나는 고통스런 핍박에 대해 우리는 어떤 말을 할 수 있는가? 신실한 그리스도인들에게 일어나는 환난과 고난을 어떻게 설명할 수 있는가? 왜 믿음에도 불구하고 여전히, 아니 더 큰 인생의 문제와 시련으로 인해 씨름해야 하는가?

하지만 이런 질문이 생길 때가 바로 영적으로 한 걸음 더 성숙해질 기회다. 이런 질문을 통해 과연 믿음이 무엇인지, 십자가의 은혜가 무엇인지, 고통 가운데서 신앙생활을 지켜나간다는 것이 무엇인지 깨닫게 되기 때문이다. 이 시간 위기의 순간에 구원의 기적을 베푸시고, 위기를 통해 우리의 믿음을 더욱 견고히 세우시는 하나님을 만나도록 하자.

말씀의 씨를 뿌리며

1. 다니엘의 신변을 염려하는 다리오 왕의 모습을 살펴보라. 다니엘을 모함한 사람들의 태도와 너무나 대조적이다. 왜 그런 반응을 보였다고 생각하는가?

- 14, 16, 18~20절/

- 15, 17절/

2. 진퇴양난에 빠진 다리오 왕은 결국 다니엘을 끌어다가 사자 굴에 던져 넣으라고 명령한다. 그러자 다음날 어떤 일이 일어났는가? 어떻게 그런 일이 가능하게 되었는가? (참고/ 시 34:7)

- 22~23절/

3. 다니엘은 사자 굴 속에서도 아기가 어머니 품 안에서 누리는 듯한 평안을 누렸고, 하나님이 크신 팔로 자신을 지키고 있음을 믿었다. 당신에게도 이런 믿음이 있는가? 어렵고 힘든 위기의 순간에 이런 믿음으로 인해 평안을 누린 적이 있는가?

4. 만약 당신이 위기의 순간이 가장 안전한 순간이라고 고백할 수 없다면 그 이유는 무엇이라고 생각하는가? 다음 성경구절을 가지고 찾아보라.

- 열왕기하 6:15~17/

- 출애굽기 14:10~14/

- 마태복음 8:23~27/

- 로마서 8:35/

5. 다니엘을 참소한 자들의 마지막을 보면서 무엇을 깨닫게 되는가?

(참고/ 에 8:7~8; 갈 6:7~8)

- 24절/

6. 다니엘이 사자 굴에서 살아난 것을 본 다리오 왕은 어떤 믿음의 선포를 하는가?

- 25~27절/

7. 믿음을 지킨 다니엘을 통해 다리오 왕은 하나님의 살아 계심을 믿게 되었다. 믿지 않는 세상 사람이 나의 믿음 때문에 하나님의 살아 계심을 믿고 선포하게 된다면, 고통과 고난을 이겨낼 충분한 소망의 근거가 될 것이다. 지금 처한 고통과 어려움 속에서 당신이 품고 있는 소망의 근거는 무엇인가?

8. 다음 글을 읽고 느낀 점을 나누어 보자.

리처드 백스터라는 신실한 청교도 목회자는 이렇게 말했다. "하나님의 백성들은 그들이 지금 당하는 핍박으로부터 구원받고 해결받기보다는 그들 자신이 핍박받을 만한 자격이 있는지에 더 많은 관심을 가져야 한다. 핍박당할 자격이 있다는 것은 우리의 신앙이 진실됨을 증거하는 것이라고 말할 수 있다." 그의 말에 따르면 하나님이 우리를 믿어 주시기 때문에 핍박당한다는 것이다.

1993년 남아프리카 공화국의 케이프타운에 있는 성요한교회는 기독교를 적대시하는 폭도들의 공격으로 11명이 죽고 55명이 부상당하는 비극을 겪었다. 이 비극을 경험하고 나서 레티에프 목사님은 이렇게 고백했다.

"하나님은 우리가 그리스도를 믿기로 한 바로 그 순간 고통과 고난의 세계로부터 우리를 떼어놓지 않으신다. 성경에 의하면 하나님이 우리를 훈련하시는 과정 중에는 타락한 세상에 그대로 남겨두는 것이 포함된다. 그렇게 함으로써 우리는 위험 세력들과 그들의 방해에 대처해 가는 과정 속에서 자신의 신앙을 검증받으며, 거룩해지는 법을 배우게 된다."

삶의 열매를 거두며

다니엘을 사자 굴 속에 던져 죽이려했던 마귀는 오늘날 그리스도인들을 세상 문화와 염려, 자기애와 자기 자랑이라는 사자 굴에 던져 넣으려고 한다. 당신의 믿음을 흔드는 사자굴은 무엇인가? 다니엘은 사자굴 속에서도 하나님께서 크신 팔로 자신의 인생을 품고 계심을 믿었다. 이런 다니엘의 역사를 믿는다면 큰 위기의 순간이 바로 우리를 향한 하나님의 적극적인 개입의 순간임을 믿는가?

11. 세상 역사의 주관자

다니엘 7:1~28

1 바벨론 벨사살 왕 원년에 다니엘이 그의 침상에서 꿈을 꾸며 머리 속으로 환상을 받고 그
꿈을 기록하며 그 일의 대략을 진술하니라 2 다니엘이 진술하여 이르되 내가 밤에 환상을 보
았는데 하늘의 네 바람이 큰 바다로 몰려 불더니 3 큰 짐승 넷이 바다에서 나왔는데 그 모양
이 각각 다르더라 4 첫째는 사자와 같은데 독수리의 날개가 있더니 내가 보는 중에 그 날개가
뽑혔고 또 땅에서 들려서 사람처럼 두 발로 서게 함을 받았으며 또 사람의 마음을 받았더라
또 보니 5 다른 짐승 곧 둘째는 곰과 같은데 그것이 몸 한쪽을 들었고 그 입의 잇사이에는 세
갈빗대가 물렸는데 그것에게 말하는 자들이 있어 이르기를 일어나서 많은 고기를 먹으라 하
였더라 6 그 후에 내가 또 본즉 다른 짐승 곧 표범과 같은 것이 있는데 그 등에는 새의 날개
넷이 있고 그 짐승에게 또 머리 넷이 있으며 권세를 받았더라 7 내가 밤 환상 가운데에 그 다
음에 본 넷째 짐승은 무섭고 놀라우며 또 매우 강하며 또 쇠로 된 큰 이가 있어서 먹고 부서
뜨리고 그 나머지를 발로 밟았으며 이 짐승은 전의 모든 짐승과 다르고 또 열 뿔이 있더라 8
내가 그 뿔을 유심히 보는 중에 다른 작은 뿔이 그 사이에서 나더니 첫 번째 뿔 중의 셋이 그
앞에서 뿌리까지 뽑혔으며 이 작은 뿔에는 사람의 눈 같은 눈들이 있고 또 입이 있어 큰 말을
하였더라 9 내가 보니 왕좌가 놓이고 옛적부터 항상 계신 이가 좌정하셨는데 그의 옷은 희기
가 눈 같고 그의 머리털은 깨끗한 양의 털 같고 그의 보좌는 불꽃이요 그의 바퀴는 타오르는
불이며 10 불이 강처럼 흘러 그의 앞에서 나오며 그를 섬기는 자는 천천이요 그 앞에서 모셔
선 자는 만만이며 심판을 베푸는데 책들이 펴 놓였더라 11 그때에 내가 작은 뿔이 말하는 큰
목소리로 말미암아 주목하여 보는 사이에 짐승이 죽임을 당하고 그의 시체가 상한 바 되어
타오르는 불에 던져졌으며 12 그 남은 짐승들은 그의 권세를 빼앗겼으나 그 생명은 보존되어
정한 시기가 이르기를 기다리게 되었더라 13 내가 또 밤 환상 중에 보니 인자 같은 이가 하늘
구름을 타고 와서 옛적부터 항상 계신 이에게 나아가 그 앞으로 인도되매 14 그에게 권세와
영광과 나라를 주고 모든 백성과 나라들과 다른 언어를 말하는 모든 자들이 그를 섬기게 하
였으니 그의 권세는 소멸되지 아니하는 영원한 권세요 그의 나라는 멸망하지 아니할 것이니

라 15 나 다니엘이 중심에 근심하며 내 머리 속의 환상이 나를 번민하게 한지라 16 내가 그 곁
에 모셔 선 자들 중 하나에게 나아가서 이 모든 일의 진상을 물으매 그가 내게 말하여 그 일
의 해석을 알려 주며 이르되 17 그 네 큰 짐승은 세상에 일어날 네 왕이라 18 지극히 높으신 이
의 성도들이 나라를 얻으리니 그 누림이 영원하고 영원하고 영원하리라 19 이에 내가 넷째 짐
승에 관하여 확실히 알고자 하였으니 곧 그것은 모든 짐승과 달라서 심히 무섭더라 그 이는
쇠요 그 발톱은 놋이니 먹고 부서뜨리고 나머지는 발로 밟았으며 20 또 그것의 머리에는 열
뿔이 있고 그 외에 또 다른 뿔이 나오매 세 뿔이 그 앞에서 빠졌으며 그 뿔에는 눈도 있고 큰
말을 하는 입도 있고 그 모양이 그의 동류보다 커 보이더라 21 내가 본즉 이 뿔이 성도들과 더
불어 싸워 그들에게 이겼더니 22 옛적부터 항상 계신 이가 와서 지극히 높으신 이의 성도들을
위하여 원한을 풀어 주셨고 때가 이르매 성도들이 나라를 얻었더라 23 모신 자가 이처럼 이르
되 넷째 짐승은 곧 땅의 넷째 나라인데 이는 다른 나라들과는 달라서 온 천하를 삼키고 밟아
부서뜨릴 것이며 24 그 열 뿔은 그 나라에서 일어날 열 왕이요 그 후에 또 하나가 일어나리니
그는 먼저 있던 자들과 다르고 또 세 왕을 복종시킬 것이며 25 그가 장차 지극히 높으신 이를
말로 대적하며 또 지극히 높으신 이의 성도를 괴롭게 할 것이며 그가 또 때와 법을 고치고자
할 것이며 성도들은 그의 손에 붙인 바 되어 한 때와 두 때와 반 때를 지내리라 26 그러나 심
판이 시작되면 그는 권세를 빼앗기고 완전히 멸망할 것이요 27 나라와 권세와 온 천하 나라들
의 위세가 지극히 높으신 이의 거룩한 백성에게 붙인 바 되리니 그의 나라는 영원한 나라이
라 모든 권세 있는 자들이 다 그를 섬기며 복종하리라 28 그 말이 이에 그친지라 나 다니엘은
중심에 번민하였으며 내 얼굴빛이 변하였으나 내가 이 일을 마음에 간직하였느니라

마음의 문을 열며

다니엘서 7장의 내용은 다니엘이 사자 굴에서 구원받는 사건이 일어나기 10여 년 전쯤의 일이다. 다니엘서 6장까지는 다니엘이 다른 사람들의 꿈을 해석해 준 내용을 제 3자의 입장에서 객관적으로 기록했다면, 7장부터는 다니엘이 하나님께 직접 받은 예언과 환상을 기록하고 있다. 그래서 서술의 태도도 3인칭 시점에서 1인칭 시점으로 달라지는 것을 볼 수 있다.

그렇다면 왜 하나님은 다니엘에게 환상을 보여 주셨는가? 하나님의 사람들이 박해와 핍박, 고난과 역경 속에서 낙망하지 않고 믿음으로 승리할 수 있도록 비전과 확신을 주신 것이다. 도래할 하나님 나라에 대한 확고한 비전과 세상 역사의 주관자이신 하나님에 대한 분명한 확신이 있었기에, 다니엘은 사자 굴 앞에서 두려움에 떨지 않을 수 있었다. 이 시간, 우리도 다니엘이 가졌던 이 비전과 확신을 품도록 하자.

말씀의 씨를 뿌리며

1. 예언적 환상을 본 다니엘은 어떤 반응을 보였는가? 여기서 깨달을 수 있는 사실은 무엇인가? (참고/ 계 1:17)

 • 15, 28절/

2. 다니엘 7장은 크게 다니엘이 본 환상(1~14절)과 그 해석(15~28절)으로 나뉜다. 이 중 다니엘이 본 환상은 크게 세 부분으로 나눌 수 있다. 첫 번째는 네 짐승의 환상인데 이를 간단히 정리해 보라.

 • 2~7, 17절/

3. 첫 번째 짐승인 '독수리의 날개를 가진 사자'는 역사적으로 바벨론 제국의 느부갓네살 왕을 상징한다. 두 번째 짐승인 '이 사이에 갈빗대를 물고 있는 곰'은 페르시아 제국을 말한다. 세 번째 짐승인 '권세 받은 표범'은 헬라제국을 나타낸다. 이 짐승들은 이미 역사 속에서 나타났다가 사라졌다. 하지만 네 번째 짐승은 여전히 유효한 예언이다. 이 '열 뿔 달린 짐승'이 어떻게 하나님과 하나님의 사람들을 대적하는가? (참고/ 계 13:6)

 • 25절/

4. 지금은 네 바람 속에 네 번째 짐승이 하나님 믿는 백성을 괴롭히는 마지막 때다. 이런 시대를 살아가기 위해 그리스도인에게 필요한 믿음의 고백은 무엇인가? 이런 고백이 왜 중요하다고 생각하는가?

(참고/ 욥 42:1~2; 롬 11:36)

5. 하나님은 계속해서 다니엘에게 옛적부터 항상 계신 이의 환상을 보여 주신다. 환상의 내용이 무엇인지 정리해 보라.

- 9~12절/

6. 다음으로 다니엘은 인자에 대한 환상을 보게 된다. 그 내용을 정리해 보라.

- 13~14절/

7. 인자에 대한 환상은 다니엘 7장에 나오는 아주 방대하고 독특한 예

언의 결론이라고 할 수 있다. 하나님은 인자에게 권세와 영광과 나라를 주셔서 민족과 언어가 다른 뭇 백성이 그에게 경배하도록 만드신다. 다음 구절들을 가지고 인자가 어떤 분이신지 찾아보라.

• 요한복음 3:13/

• 요한복음 3:14~15/

• 요한복음 6:53~54/

• 요한복음 5:25~27/

8. 다음 글을 읽고 우리에게 주는 위로와 도전을 나누어 보자.

현대의 거룩한 선지자와 같은 역할을 했던 A. W. 토저는 이렇게 말했다. "누가 역사를 다스리고 있는가? 그 역사 속에 인간의 자유와 책임은 어디까지가 될 것인가? 하나님의 주권적 통치와 인간의 책임과의 관계는 마치 항구를 출발하여 목적지로 향하는 여객선과 비슷하다."

덧붙여 설명하자면, 부산에서 출발한 배가 태평양을 건너 샌프란시스코까지 간다고 치자. 그 사이에는 아무 기착지도 없다. 부산을 출발해서 가는 동안 배 안에서는 온갖 일들이 벌어진다. 희로애락이 있고, 서로 싸우기도 하고, 함께 즐거워하기도 한다. 그러나 한 가지 분명한 것은 그 배가 샌프란시스코로 가고 있다는 사실에는 조금도 변함이 없다는 것이다.

역사는 우리가 인식하든 인식하지 못하든 간에 분명히 심판의 항구를 향해 가고 있다. 심판이라는 항구에 도착하면 그동안 우리가 한 모든 행동에 대해 책임을 져야만 한다. 누구도 하나님의 역사라는 항로를 바꿀 수 없다.

삶의 열매를 거두며

세상 왕들이 아무리 떠들며 큰소리 쳐도 결국 역사를 주관하시는 분은 하나님이시다. 악한 짐승들이 이 시대를 휘젓고 광기의 소용돌이를 일으킬지라도, 그들의 결말은 심판과 영원한 죽음뿐이다. 이런 확신이 있어야 날마다 승리하는 삶을 살 수 있고 미래에 대한 비전을 품을 수 있다. 역사를 주관하시는 하나님으로 인해 당당한 삶을 살 수 있도록, 그리고 심판자로 오실 그분 앞에서 부끄럼 없는 삶을 살 수 있도록 함께 기도제목을 나누고 기도하자.

12. 예언은 이루어진다

다니엘 8:1~27

1 나 다니엘에게 처음에 나타난 환상 후 벨사살 왕 제삼년에 다시 한 환상이 나타나니라 2
내가 환상을 보았는데 내가 그것을 볼 때에 내 몸은 엘람 지방 수산 성에 있었고 내가 환상을
보기는 을래 강변에서이니라 3 내가 눈을 들어 본즉 강 가에 두 뿔 가진 숫양이 섰는데 그 두
뿔이 다 길었으며 그 중 한 뿔은 다른 뿔보다 길었고 그 긴 것은 나중에 난 것이더라 4 내가
본즉 그 숫양이 서쪽과 북쪽과 남쪽을 향하여 받으나 그것을 당할 짐승이 하나도 없고 그 손
에서 구할 자가 없으므로 그것이 원하는 대로 행하고 강하여졌더라 5 내가 생각할 때에 한 숫
염소가 서쪽에서부터 와서 온 지면에 두루 다니되 땅에 닿지 아니하며 그 염소의 두 눈 사이
에는 현저한 뿔이 있더라 6 그것이 두 뿔 가진 숫양 곧 내가 본 바 강 가에 섰던 양에게로 나
아가되 분노한 힘으로 그것에게로 달려가더니 7 내가 본즉 그것이 숫양에게로 가까이 나아가
서는 더욱 성내어 그 숫양을 쳐서 그 두 뿔을 꺾으나 숫양에게는 그것을 대적할 힘이 없으므
로 그것이 숫양을 땅에 엎드러뜨리고 짓밟았으나 숫양을 그 손에서 벗어나게 할 자가 없었더
라 8 숫염소가 스스로 심히 강대하여 가더니 강성할 때에 그 큰 뿔이 꺾이고 그 대신에 현저
한 뿔 넷이 하늘 사방을 향하여 났더라 9 그중 한 뿔에서 또 작은 뿔 하나가 나서 남쪽과 동
쪽과 또 영화로운 땅을 향하여 심히 커지더니 10 그것이 하늘 군대에 미칠 만큼 커져서 그 군
대와 별들 중의 몇을 땅에 떨어뜨리고 그것들을 짓밟고 11 또 스스로 높아져서 군대의 주재를
대적하며 그에게 매일 드리는 제사를 없애 버렸고 그의 성소를 헐었으며 12 그의 악으로 말미
암아 백성이 매일 드리는 제사가 넘긴 바 되었고 그것이 또 진리를 땅에 던지며 자의로 행하
여 형통하였더라 13 내가 들은즉 한 거룩한 이가 말하더니 다른 거룩한 이가 그 말하는 이에
게 묻되 환상에 나타난 바 매일 드리는 제사와 망하게 하는 죄악에 대한 일과 성소와 백성이
내준 바 되며 짓밟힐 일이 어느 때까지 이를꼬 하매 14 그가 내게 이르되 이천삼백 주야까지
니 그때에 성소가 정결하게 되리라 하였느니라 15 나 다니엘이 이 환상을 보고 그 뜻을 알고
자 할 때에 사람 모양 같은 것이 내 앞에 섰고 16 내가 들은즉 을래 강 두 언덕 사이에서 사람
의 목소리가 있어 외쳐 이르되 가브리엘아 이 환상을 이 사람에게 깨닫게 하라 하더니 17 그

가 내가 선 곳으로 나왔는데 그가 나올 때에 내가 두려워서 얼굴을 땅에 대고 엎드리매 그가
내게 이르되 인자야 깨달아 알라 이 환상은 정한 때 끝에 관한 것이니라 18 그가 내게 말할 때
에 내가 얼굴을 땅에 대고 엎드리어 깊이 잠들매 그가 나를 어루만져서 일으켜 세우며 19 이
르되 진노하시는 때가 마친 후에 될 일을 내가 네게 알게 하리니 이 환상은 정한 때 끝에 관
한 것임이라 20 네가 본 바 두 뿔 가진 숫양은 곧 메대와 바사 왕들이요 21 털이 많은 숫염소
는 곧 헬라 왕이요 그의 두 눈 사이에 있는 큰 뿔은 곧 그 첫째 왕이요 22 이 뿔이 꺾이고 그
대신에 네 뿔이 났은즉 그 나라 가운데에서 네 나라가 일어나되 그의 권세만 못하리라 23 이
네 나라 마지막 때에 반역자들이 가득할 즈음에 한 왕이 일어나리니 그 얼굴은 뻔뻔하며 속
임수에 능하며 24 그 권세가 강할 것이나 자기의 힘으로 말미암은 것이 아니며 그가 장차 놀
랍게 파괴 행위를 하고 자의로 행하여 형통하며 강한 자들과 거룩한 백성을 멸하리라 25 그가
꾀를 베풀어 제 손으로 속임수를 행하고 마음에 스스로 큰 체하며 또 평화로운 때에 많은 무
리를 멸하며 또 스스로 서서 만왕의 왕을 대적할 것이나 그가 사람의 손으로 말미암지 아니
하고 깨지리라 26 이미 말한 바 주야에 대한 환상은 확실하니 너는 그 환상을 간직하라 이는
여러 날 후의 일임이라 하더라 27 이에 나 다니엘이 지쳐서 여러 날 앓다가 일어나서 왕의 일
을 보았느니라 내가 그 환상으로 말미암아 놀랐고 그 뜻을 깨닫는 사람도 없었느니라

마음의 문을 열며

기독교는 진리이지 종교가 아니다. 기독교는 창조주 하나님과 예수 그리스도의 구원을 믿는 사람들이 주님과의 인격적 관계와 신뢰를 회복하는 진리의 서사시다. 다른 종교에 비해 기독교가 갖는 탁월성 중 하나는 예언의 선포와 성취다. 코란의 경전, 유교의 경전, 불교의 경전들은 삶의 철학과 원칙, 세상의 예지와 도덕적인 가르침을 담고 있지만, 예언을 분명하게 선포하고 성취한 기록이 담겨 있는 것은 성경밖에 없다. 성경의 예언 중 대부분은 이미 역사 속에서, 특히 예수 그리스도를 통해 성취되었다. 하지만 우리의 삶 속에서, 그리고 마지막 날에 성취될 것이기도 하다. 불변의 진리인 하나님의 말씀은 늘 현재성을 지닌다. 우리가 예언의 말씀에 귀를 기울여야 하는 이유도 이 때문이다. 이 시간 다니엘이 본 환상이 얼마나 빈틈 없이 성취되었는지, 이것이 우리에게 주는 의미가 무엇인지 배워 보자.

말씀의 씨를 뿌리며

1. 바벨론 제국의 벨사살 왕 3년에 다니엘은 하나님이 보여 주시는 숫양과 염소에 대한 환상을 보았다. 다니엘이 본 환상의 내용이 무엇인지 정리해 보라.

- 3~4절/

- 5~8a절/

2. 다니엘이 환상의 의미를 깨닫지 못하자, 가브리엘 천사가 나타나 그 의미를 알려 주었다. 다니엘이 본 환상은 각각 무엇을 의미하는가?

- 두 뿔 가진 숫양(20절)/

- 한 뿔 가진 염소(21a절)/

3. 다니엘이 이 환상을 보았을 때는 B.C. 6세기경으로, 그로부터 200~300년 후 실제 역사 속에서 그대로 이루어졌다. 이런 예언의 역사적 성취가 당신에게 주는 교훈은 무엇이라고 생각하는가? 다음의 글을 읽고 답해 보라.

구약성경은 약 천여 년 동안 예수 그리스도가 이 땅에 오셔서 메시아가 되시고 역사의 마지막 날에 심판할 것을 예언했다. 구약성경에 이 예언을 분명히 밝힌 곳은 60군데이고, 문맥적 정황으로 미루어 이 예언을 인정한 곳은 270여 군데나 된다. 60여 건의 예언과 270여 건의 문맥적 상황이 그대로 예언으로 성취될 가능성은 수학적으로 '10의 157제곱분의 1'이라고 한다. 흔히 불가사의라는 말을 하는데, 이것은 10의 64제곱이 넘는 수로써 도무지 셀 수 없는 수를 뜻한다. 따라서 성경에 나타난 수백 번의 예언이 한 사람에게 그대로 이루어진 것은 성경의 기록이 그 누구도 부인할 수 없는 엄청난 역사적 증거의 무게를 가지고 있다는 의미가 된다.

4. 다니엘이 이 환상을 본 것은 네 개의 짐승이 등장하는 첫 번째 환상(7장) 이후 두 해가 지난 뒤였다. 이처럼 비슷한 환상을 다시 보여 주신 이유는 대상의 차이 때문이었다. 7장의 예언이 이방인들에게 세상 역사의 주관자가 하나님이심을 보여 준 것이라면, 8장은 이스라엘에게 그들을 둘러싼 세계 역사의 장래를 보여 준 것이다. 그래서

8장에서는 7장과 달리 작은 뿔에 대한 환상을 더욱 자세히 다룬다. 작은 뿔 환상의 내용과 의미는 무엇인가?

- 환상의 내용(8b~12절)/

- 환상의 의미(21b~25절)/

5. 이 예언은 실제로 역사 속에서 성취되었고 B.C. 169년부터 이스라엘 백성들은 안티오쿠스 4세에 의해 참혹한 핍박을 받았다. 세상은 이처럼 믿는 자들을 핍박한다. 우리가 세상에서 환난과 시련, 핍박을 당할 때 생기는 의문이 있다. 그것은 무엇이며, 이에 대한 하나님의 답변은 무엇인가?

- 13~14절/

6. 이 세상을 살면서 이해 못할 괴로운 일들을 당하지만, 하나님은 기한을 정하셨다(17b, 19b). 이런 사실에 대한 믿음이 주는 유익이 무엇이라고 생각하는가?(참고/ 마 24:45~51; 계 22:7, 11~12)

7. 이스라엘 백성들은 안티오쿠스의 멸망과 예루살렘 제사 제도의 회복에 대한 감사로 '빛의 제전'이라는 최고의 명절을 만들었다. 곧 '하누카', 우리나라 말로는 '수전절'이라 부른다. 핍박은 언제나 축제를 낳는다. 바로의 핍박은 유월절을, 하만의 음모는 부림절을 낳았다. 믿는 자에게 있어 고난이란 자신의 인생에 축제일을 하나 더 기록하는 시간이 된다. 당신도 그렇게 고백할 수 있는가?

8. 지금까지 다니엘이 본 환상이 얼마나 빈틈없이 성취되었는지, 그것이 우리에게 주는 의미가 무엇인지 살펴보았다. 그렇다면 예언의 성취를 믿는 자의 태도가 어떠해야 하는지 다음의 구절들을 가지고 정리해 보라.

- 18a절/
- 26절/
- 27절/

삶의 열매를 거두며

세상을 살면서 그리스도인들은 핍박과 환난을 당할 것이다. 그러나 하나님은 그 기한을 정해 두셨다. 환상과 예언을 통해 회복의 시기가 올 것을 믿었던 다니엘은 환난과 핍박에도 굴하지 않고 살았다. 이처럼 예언의 성취를 믿고 하나님의 때를 기다리는 그리스도인은 고난의 의미를 알고 삶의 가치를 바르게 두고 살 수 있을 것이다. 환상을 본 다니엘의 태도와 하나님의 말씀을 들은 당신의 태도를 비교해 보라. 하나님의 말씀을 대하는 당신의 자세에서 고쳐야 할 부분은 무엇인가?

13. 저와 민족의 죄를 용서해 주옵소서

다니엘 9:1~6, 16~19

1 메대 족속 아하수에로의 아들 다리오가 갈대아 나라 왕으로 세움을 받던 첫 해 2 곧 그 통치
원년에 나 다니엘이 책을 통해 여호와께서 말씀으로 선지자 예레미야에게 알려 주신 그 연수
를 깨달았나니 곧 예루살렘의 황폐함이 칠십 년만에 그치리라 하신 것이니라 3 내가 금식하며
베옷을 입고 재를 덮어쓰고 주 하나님께 기도하며 간구하기를 결심하고 4 내 하나님 여호와께
기도하며 자복하여 이르기를 크시고 두려워할 주 하나님, 주를 사랑하고 주의 계명을 지키는
자를 위하여 언약을 지키시고 그에게 인자를 베푸시는 이시여 5 우리는 이미 범죄하여 패역하
며 행악하며 반역하여 주의 법도와 규례를 떠났사오며 6 우리가 또 주의 종 선지자들이 주의
이름으로 우리의 왕들과 우리의 고관과 조상들과 온 국민에게 말씀한 것을 듣지 아니하였나
이다

16 주여 구하옵나니 주는 주의 공의를 따라 주의 분노를 주의 성 예루살렘, 주의 거룩한 산에
서 떠나게 하옵소서 이는 우리의 죄와 우리 조상들의 죄악으로 말미암아 예루살렘과 주의 백
성이 사면에 있는 자들에게 수치를 당함이니이다 17 그러하온즉 우리 하나님이여 지금 주의
종의 기도와 간구를 들으시고 주를 위하여 주의 얼굴 빛을 주의 황폐한 성소에 비추시옵소서
18 나의 하나님이여 귀를 기울여 들으시며 눈을 떠서 우리의 황폐한 상황과 주의 이름으로 일
컫는 성을 보옵소서 우리가 주 앞에 간구하옵는 것은 우리의 공의를 의지하여 하는 것이 아
니요 주의 큰 긍휼을 의지하여 함이니이다 19 주여 들으소서 주여 용서하소서 주여 귀를 기울
이시고 행하소서 지체하지 마옵소서 나의 하나님이여 주 자신을 위하여 하시옵소서 이는 주
의 성과 주의 백성이 주의 이름으로 일컫는 바 됨이니이다

마음의 문을 열며

다니엘은 기도의 사람이었다. 더 정확히 표현하면, 다니엘은 기도의 짐을 질 줄 아는 사람이었다. 기도의 짐은 우리가 갖고 있는 각 사람의 걱정과는 다르다. 각 사람의 걱정은 그가 처한 환경 때문에 요동해서 그 사람의 중심에서 시작되는 것이다. 하지만 하나님이 주시는 기도의 짐은 하나님의 중심에서 비롯된다. 따라서 기도의 짐을 질 줄 안다는 것은 하나님 중심으로 기도할 줄 안다는 의미이기도 하다.

그런데 우리의 현실은 어떠한가? 가장 고결하고 순수해야 할 기도의 시간마저도 자기 중심에 빠져 이기적인 기도를 하고 있지는 않는가? 하나님이 기도의 짐을 맡겨 주실 때 기도로 반응해야 한다. 그럴 때 개인의 문제도 하나님이 다 해결해 주시는 것을 경험하게 될 것이다. 이 시간 다니엘의 기도를 통해 우리의 기도가 어떻게 바뀌어야 하는지 배우도록 하자.

말씀의 씨를 뿌리며

1. 다리오 왕 통치원년에 다니엘은 하나님이 예레미야에게 말씀하신 내용의 의미를 깨닫게 된다. 다니엘이 깨달은 내용은 무엇인가?(참고/렘 29:10)

- 2절/

2. 다니엘은 이스라엘의 회복에 대한 예언을 깨닫고 나서 얼마든지 마음의 고삐를 풀 수도 있었을 것이다. 하지만 다니엘은 그렇게 하지 않았다. 그가 즉시 보인 반응은 무엇이었는가? 왜 그런 결단을 했다고 생각하는가?(참고/ 렘 29:12~15)

- 3절/

3. 다니엘의 기도는 하나님이 원하시는 기도의 모범을 보여 준다. 그것은 무엇이며, 왜 중요한가? (참고 / 민 23:19)

- 4절/

4. 당신이 주로 붙잡고 기도하는 약속의 말씀은 무엇인가? 그리고 이를 통해 얻는 유익은 무엇인가?

5. 다니엘에게서 본받을 수 있는 두 번째 기도의 모범은 자세와 관련되어 있다. 그것이 무엇인가?

- 5~6절/

6. 다니엘에게서 배울 수 있는 세 번째 기도의 모범은 기도의 목적에 관련된 것이다. 다니엘은 민족을 위해 간구했지만, 그의 기도의 궁극적인 초점은 민족에게 있지 않았다. 그는 무엇을 위해 기도하고 있는가?

- 16~17, 19절/

7. 다니엘이 보여 준 네 번째 기도의 모범은 응답의 확신과 관련된 것이다. 다니엘은 이스라엘 민족이 고통당하는 이유를 분명히 알았다. 여호와의 목소리를 청종치 않고 율법을 행하지 않았기 때문에 민족적 수치를 당하고 있다고 말한다. 하지만 그가 소망을 잃지 않고 확신 가운데 기도할 수 있었던 이유는 무엇인가?(참고/ 애 3:22)

• 18절/

8. 다음 글을 읽고 느낀 점을 나누어 보자.

일제 시대에 순결무구한 시를 남기고 젊은 시절에 요절한 윤동주의 시를 읽으면 그가 정말 민족을 향해 기도했던 사람임을 알 수 있다. 그가 독립운동을 하다가 감옥에 투옥되었을 때, 그는 성경을 넣어 달라고 했다. 불운한 시대에 그가 남긴 주옥 같은 시가 많이 있는데 그 가운데 "십자가"라는 시가 있다.

괴로웠던 사나이.
행복한 예수 그리스도에게처럼
십자가가 허락된다면

모가지를 드리우고
꽃처럼 피어나는 피를
어두워 가는 하늘 밑에
조용히 흘리겠습니다.

겨레의 짐이 무엇이든 간에 하나님이 자기에게 지우셨다면, 기꺼이 지겠다는 마음을 표현한 것이다. 주님처럼 시대 앞에 자기를 희생하겠다는 이런 마음이야말로 우리에게 회복되어야 할 마음일 것이다.

삶의 열매를 거두며

하나님이 귀히 보시는 사람은 다른 사람이나 민족의 죄를 낱낱이 지적하고 분석해서 보고하는 사람이 아니다. 오히려 죄의 짐을 함께 지고 하나님께 긍휼을 구하는 사람이다. 기도의 짐을 지는 것은 영적인 황금 트라이앵글, 즉 거룩한 삼각관계를 형성한다. 기도의 짐을 지는 자와 기도의 대상이 되는 자, 그리고 하나님과의 관계가 그것이다. 기도의 짐은 궁극적으로 하나님께로부터 온다는 사실을 기억하라 오늘 배운 내용을 중심으로 다니엘의 기도와 당신의 기도를 비교해 보라. 하나님이 당신에게 맡긴 기도의 짐은 무엇인가? 당신의 기도가 어떤 점에서 달라져야 한다고 생각하는가?

14. 하나님의 시간표를 사는 인생

다니엘 9:20~27

20 내가 이같이 말하여 기도하며 내 죄와 내 백성 이스라엘의 죄를 자복하고 내 하나님의 거
룩한 산을 위하여 내 하나님 여호와 앞에 간구할 때 21 곧 내가 기도할 때에 이전에 환상 중에
본 그 사람 가브리엘이 빨리 날아서 저녁 제사를 드릴 때 즈음에 내게 이르더니 22 내게 가르
치며 내게 말하여 이르되 다니엘아 내가 이제 네게 지혜와 총명을 주려고 왔느니라 23 곧 네
가 기도를 시작할 즈음에 명령이 내렸으므로 이제 네게 알리러 왔느니라 너는 크게 은총을
입은 자라 그런즉 너는 이 일을 생각하고 그 환상을 깨달을지니라 24 네 백성과 네 거룩한 성
을 위하여 일흔 이레를 기한으로 정하였나니 허물이 그치며 죄가 끝나며 죄악이 용서되며 영
원한 의가 드러나며 환상과 예언이 응하며 또 지극히 거룩한 이가 기름 부음을 받으리라 25
그러므로 너는 깨달아 알지니라 예루살렘을 중건하라는 영이 날 때부터 기름 부음을 받은 자
곧 왕이 일어나기까지 일곱 이레와 예순두 이레가 지날 것이요 그 곤란한 동안에 성이 중건
되어 광장과 거리가 세워질 것이며 26 예순두 이레 후에 기름 부음을 받은 자가 끊어져 없어
질 것이며 장차 한 왕의 백성이 와서 그 성읍과 성소를 무너뜨리려니와 그의 마지막은 홍수
에 휩쓸림 같을 것이며 또 끝까지 전쟁이 있으리니 황폐할 것이 작정되었느니라 27 그가 장차
많은 사람들과 더불어 한 이레 동안의 언약을 굳게 맺고 그가 그 이레의 절반에 제사와 예물
을 금지할 것이며 또 포악하여 가증한 것이 날개를 의지하여 설 것이며 또 이미 정한 종말까
지 진노가 황폐하게 하는 자에게 쏟아지리라 하였느니라 하니라

마음의 문을 열며

다니엘 9장은 성경의 모든 예언의 말씀을 해석하는 열쇠가 된다. 모든 예언서의 토대이자, 예언서를 끌고 가는 기관차, 핵심, 불쏘시개라고 할 수 있다. 특히 대부분의 신구약학자들은 오늘 배우게 될 본문 말씀을 성경의 영감을 증거하는 위대한 본문이라고 말한다. 심지어 아이작 뉴턴 경은 그리스도께서 오시기 500여 년 전에 기록된 다니엘 9장은 하나님 말씀의 모든 것을 설명하기에 충분하다고 말하기도 했다.

왜 그런가? 그것은 예수님이 오시기 500여 년 전에 메시아이신 예수 그리스도가 다시 오실 모습을 정확하게 기록하고 있기 때문이다. 또한 예수님이 어떤 분이신지에 대해 가장 강력히 증거하고 있기 때문이다. 뿐만 아니라 우리가 살고 있는 이 시대가 어디를 향해 가고 있는지 명확히 보여 주기 때문이다. 마지막 심판을 향해 달려가는 종말의 시대에 우리 믿는 자의 모습은 어떠해야 할지 살펴보자.

말씀의 씨를 뿌리며

1. 다니엘이 간절히 기도하자 하나님께서 응답하셨다. 우리의 기도에 대한 하나님의 응답은 즉각적이면서 동시에 점진적이다. 어떤 점에서 그런지 말해 보라 (참고/ 7:28, 8:27).

- 20~23절/

2. 가브리엘 천사는 하나님의 종이며, 중요한 순간에 하나님의 뜻을 세상에 전하는 일을 했다. 가브리엘 천사가 다니엘에게 전한 메시지의 내용을 정리해 보라.

- 24절/

- 25~26절/

- 27절/

3. '일흔 이레' 에 대한 해석은 분분하다. 어떤 학자들은 일흔 이레를 구체적인 어떤 시간으로 이해하기보다, '구원의 완성 시기' , '구원의 점진적 확실성' 을 강조하는 것으로 해석하기도 한다. 하지만 대

부분의 복음주의 학자들은 '7년의 70번 주기인 490년의 역사적 시간을 의미한다고 본다. 일흔 이레가 지난 후 일어나게 될 6가지는 무엇인가? 그것이 당신에게 주는 의미는 무엇인가?

• 24절/

4. '일흔 이레'의 출발점은 느헤미야가 예루살렘 중건을 허락받은 아닥사스다 왕 20년이다. 이 명령을 받은 후, 일곱 이레(49년)가 지난 B.C. 396년에 예루살렘 성벽이 재건되고 성전이 회복되었다. 이때부터 다시 예순두 이레(434년)가 지나면 A.D. 38년이다. 그런데 당시 유대인들은 태양력을 쓰지 않아 1년을 360일로 계산했으므로 실제로는 A.D. 32~33년이 된다. 예순두 이레가 지나면 어떤 일이 일어날 것이라고 예언하고 있는가?

• 25~26a절/

5. "기름 부음을 받은 자가 끊어져 없어질 것"이라는 예언의 성취가 주는 은혜는 무엇인가?(참고/ 마 27:46; 빌 2:5~8).

6. 또 다른 예언은 예루살렘의 멸망에 대한 것이었다. 이에 대해 어떻게 예언하고 있는가?(참고/ 눅 19:41, 44)

• 26b절/

7. 마지막으로 예언한 내용은 정해진 종말, 하나님의 때에 대한 것이다. 예언의 내용을 정리해 보라(27절).

- 그/

- 한 이레/

- 일어날 일들/

8. 예언의 성취를 믿는 자로서 어떻게 살고 있는지 다음의 글을 읽고 나누어 보자.

2006년 1월, 미국의 유명한 신앙 방송프로그램인 "Bible answer man"에서 낸시 거스리와 대담을 한 적이 있었다. 그녀는 불치병으로 두 아이를 잃은 아픔을 갖고 있었다. 첫째 딸 호프는 몸의 독소가 계속 쌓이는 젤웨거 신드롬이라는 병으로 태어난 지 7개월도 못 되어 세상을 떠났고, 둘째 아들 가브리엘도 같은 병으로 6개월을 넘기지 못하고 세상을 떠났다. 대담자가 물었다.
"아기를 한 번 잃는 것도 고통스러운 일인데, 그런 비극을 두 번이나 겪으면서도 고통 중에 있는 사람들에게 회복을 주는 『희망의 365일』이라는 책을 썼습니다. 어떻게 그것이 가능했습니까?"
낸시는 이렇게 대답했다.

"저는 절망감, 상실감, 그리고 의문점이 들 때마다 진리인 하나님의 진리의 말씀으로 맞서야 했습니다. 왜냐하면 우리가 진리가 아닌 감상에 빠져 있다면 궁극적으로 그것은 우리에게 어떤 위로도 줄 수 없기 때문입니다."

그녀가 고통 중에 있을 때 그녀를 세웠던 말씀은 "내가 그리스도와 그 부활의 권능과 그 고난에 참여함을 알고자 하여 그의 죽으심을 본받아 어떻게 해서든지 죽은 자 가운데서 부활에 이르려 하노니"(빌 3:10~11)였다. 그녀는 인생의 지독한 고통의 터널을 지났지만, 세상의 소리에 자신을 맡긴 것이 아니라 오직 하나님의 말씀 앞에 자신을 두었다. 이처럼 그리스도인으로 산다는 것은 예언의 말씀을 믿는 자답게 말씀으로 자신을 추스르고 일어서는 사람이라 할 것이다.

삶의 열매를 거두며

하나님은 다니엘에게 예언하신 대로 이스라엘 백성을 통해 예언을 성취해 오셨다. 그리고 예수님이 오셔서 예언을 성취하신 이후, 예순아홉 이레가 지나자 마지막 '한 이레'가 되기 전 스톱워치를 멈추셨다. 이미 정해진 종말의 때, 한 이레의 때가 오기 전에 주님이 은혜로 잠깐 멈추어 주신 이때에 우리는 무엇을 해야 할 것인가? 자신의 결심을 말해 보라.

15. 하나님의 역사를 이루는 기도

다니엘 10:1~21

1 바사 왕 고레스 제삼년에 한 일이 벨드사살이라 이름한 다니엘에게 나타났는데 그 일이 참
되니 곧 큰 전쟁에 관한 것이라 다니엘이 그 일을 분명히 알았고 그 환상을 깨달으니라 2 그
때에 나 다니엘이 세 이레 동안을 슬퍼하며 3 세 이레가 차기까지 좋은 떡을 먹지 아니하며
고기와 포도주를 입에 대지 아니하며 또 기름을 바르지 아니하니라 4 첫째 달 이십사일에 내
가 힛데겔이라 하는 큰 강 가에 있었는데 5 그때에 내가 눈을 들어 바라본즉 한 사람이 세마
포 옷을 입었고 허리에는 우바스 순금 띠를 띠었더라 6 또 그의 몸은 황옥 같고 그의 얼굴은
번갯빛 같고 그의 눈은 횃불 같고 그의 팔과 발은 빛난 놋과 같고 그의 말소리는 무리의 소리
와 같더라 7 이 환상을 나 다니엘이 홀로 보았고 나와 함께 한 사람들은 이 환상은 보지 못하
였어도 그들이 크게 떨며 도망하여 숨었느니라 8 그러므로 나만 홀로 있어서 이 큰 환상을 볼
때에 내 몸에 힘이 빠졌고 나의 아름다운 빛이 변하여 썩은 듯하였고 나의 힘이 다 없어졌으
나 9 내가 그의 음성을 들었는데 그의 음성을 들을 때에 내가 얼굴을 땅에 대고 깊이 잠들었
느니라 10 한 손이 있어 나를 어루만지기로 내가 떨었더니 그가 내 무릎과 손바닥이 땅에 닿
게 일으키고 11 내게 이르되 큰 은총을 받은 사람 다니엘아 내가 네게 이르는 말을 깨닫고 일
어서라 내가 네게 보내심을 받았느니라 하더라 그가 내게 이 말을 한 후에 내가 떨며 일어서
니 12 그가 내게 이르되 다니엘아 두려워하지 말라 네가 깨달으려 하여 네 하나님 앞에 스스
로 겸비하게 하기로 결심하던 첫날부터 네 말이 응답 받았으므로 내가 네 말로 말미암아 왔
느니라 13 그런데 바사 왕국의 군주가 이십일 일 동안 나를 막았으므로 내가 거기 바사 왕국
의 왕들과 함께 머물러 있더니 가장 높은 군주 중 하나인 미가엘이 와서 나를 도와 주므로 14
이제 내가 마지막 날에 네 백성이 당할 일을 네게 깨닫게 하러 왔노라 이는 이 환상이 오랜
후의 일임이라 하더라 15 그가 이런 말로 내게 이를 때에 내가 곧 얼굴을 땅에 향하고 말문이
막혔더니 16 인자와 같은 이가 있어 내 입술을 만진지라 내가 곧 입을 열어 내 앞에 서 있는
자에게 말하여 이르되 내 주여 이 환상으로 말미암아 근심이 내게 더하므로 내가 힘이 없어
졌나이다 17 내 몸에 힘이 없어졌고 호흡이 남지 아니하였사오니 내 주의 이 종이 어찌 능히

내 주와 더불어 말씀할 수 있으리이까 하니 [18] 또 사람의 모양 같은 것 하나가 나를 만지며 나
를 강건하게 하여 [19] 이르되 큰 은총을 받은 사람이여 두려워하지 말라 평안하라 강건하라 강
건하라 그가 이같이 내게 말하매 내가 곧 힘이 나서 이르되 내 주께서 나를 강건하게 하셨사
오니 말씀하옵소서 [20] 그가 이르되 내가 어찌하여 네게 왔는지 네가 아느냐 이제 내가 돌아가
서 바사 군주와 싸우려니와 내가 나간 후에는 헬라의 군주가 이를 것이라 [21] 오직 내가 먼저
진리의 글에 기록된 것으로 네게 보이리라 나를 도와서 그들을 대항할 자는 너희의 군주 미
가엘뿐이니라

마음의 문을 열며

흔히 지성인이라고 자청하면서 역사에 개입하시는 하나님을 부정하는 사람들이 얼마나 많은지 모른다. 하지만 성경은 하나님께서 역사에 적극적으로 개입하시고 계심을 보여 주면서 지상왕국의 흥망성쇠는 천상에서의 영적 전투의 결과라고 말한다(20~21절).

이제 우리는 다니엘서의 마지막 환상에 접어들었다. 10~12장은 다니엘 시대부터 마지막 때까지 일어날 사건들을 낱낱이 열거하고 있으며, 다니엘서 전체에 대한 조감을 제시하고 있다는 점에서 그 중요성이 크다. 오늘 살펴볼 10장은 서론 격으로 마지막 환상이 보여진 배경을 서술하고 있다. 그런데 이 모든 것이 기도하는 한 사람에 의해 시작됨을 보게 된다. 이 시간 기도하는 한 사람에게 베푸시는 은혜가 무엇인지 살펴보자.

말씀의 씨를 뿌리며

1. 바사 왕 고레스 3년은 B.C. 536년쯤으로, 다니엘의 나이는 84~85세쯤으로 보인다. 당시는 많은 유대인들이 바벨론 포로생활에서 자유함을 얻어 그들의 고향인 유대 땅으로 돌아간 후였다. 이때에 다니엘은 무엇을 하고 있었는가?
   - 2~3절/

2. 다니엘이 무엇으로 인해 슬퍼하고 있었는지에 대해서는 구체적인 설명이 없다. 다만 당시 정황상 고토로 돌아가서 직면한 어려움(성전 건축 중단)이나 이스라엘 백성들의 타락한 모습으로 인해 애통하며 기도하고 있었을 것으로 여겨진다. 여든이 넘는 나이에도 불구하고 그는 여전히 민족을 위해 기도하고 있었던 것이다. 현재 당신의 마음을 아프게 하는 나라와 민족의 문제는 무엇이며 이를 위해 어떻게 기도하고 있는가?

3. 힛데겔에서 기도하고 있을 때 다니엘은 어떤 환상을 보았는가? 환상에 나타난 이는 누구인가? (참고/ 계 1:13~15)
   - 5~7절/

4. 주님은 왜 기도 중에 자신을 나타내셨는가?

- 12절/

5. 너무나 압도적인 천상적 현존 앞에 다니엘은 힘없이 쓰러져 깊은 잠에 빠지게 된다(8~9절). 다니엘에게 다가와 전한 메시지의 내용은 무엇인가? 이를 통해 알 수 있는 사실은 무엇인가? (참고/ 엡 6:12)

- 12~14절/

6. 오랜 시간 진액을 쏟아 기도한 후 다니엘은 자신이 본 환상에 압도되어 힘을 잃고 만다(15~17절). 하나님은 그런 다니엘을 어떻게 위로하고 회복시켰는가?

- 19절/

7. 환상 중에 다니엘은 자신을 향해 '큰 은총을 입은 사람' 이라는 음성을 들었다(9:23, 10:11, 19). 다니엘이 지쳐 쓰러질 때마다 하나님은 그가 어떤 존재인지 일깨워 주셨다. 당신은 하나님 앞에 어떤 존재라고 생각하는가? 이를 통해 어떤 위로와 도전을 받는가?(참고/ 습 3:17)

8. 다음의 글을 읽고 느낀 점을 나누어 보자.

미국의 복음주의 교회 중 강력한 교단의 하나인 남침례교단이 라스베이거스 정화 운동에 나선 적이 있다. 남침례교 목사님들이 모여서 라스베이거스가 도박과 마약과 타락의 온상지가 되면 안 되겠다고, 악한 영의 세계를 방치하면 안 되겠다고 생각했다. 그래서 1년에 한 번씩 열리는 총회를 라스베이거스에서 열기로 했고, 그 총회에 대표자만 참석하는 것이 아니라 남침례교단에 속한 목사님들 4만여 명이 다 모이기로 했다. 한 주간을 정해서 약 4만 명의 목사님들이 라스베이거스에 모여 집회를 열고 총회를 하며 라스베이거스를 위해서 기도했다.

그런데 얼마 있지 않아 음란과 타락의 진원지였던 라스베이거스가 가족 중심의 테마파크로 바뀌게 되었다. 이것은 영적 세계의 보이지 않는 전투다.

작은 기도는 작은 권능을 가져오고, 많은 기도는 많은 권능을 가져온다. 깊은 기도는 깊은 기도의 권능을 체험할 수 있게 한다. 이런 은혜를 받으면 다시 시작할 수 있는 영적 권능을 얻는다.

삶의 열매를 거두며

졸지도 주무시지도 않은 우리 하나님께서는 지금 이 순간에도 우리의 역사와 우리의 삶에 개입하시길 원하신다. 그리고 우리와 함께 일하기 원하신다. 하나님의 뜻과 계획, 역사에 참여하기 위해 당신이 해야 할 일은 무엇인가?

16. 다가올 영적 전쟁을 준비하라

다니엘 11:1~45

1 내가 또 메대 사람 다리오 원년에 일어나 그를 도와서 그를 강하게 한 일이 있었느니라 2 이
제 내가 참된 것을 네게 보이리라 보라 바사에서 또 세 왕들이 일어날 것이요 그 후의 넷째는
그들보다 심히 부요할 것이며 그가 그 부요함으로 강하여진 후에는 모든 사람을 충동하여 헬
라 왕국을 칠 것이며 3 장차 한 능력 있는 왕이 일어나서 큰 권세로 다스리며 자기 마음대로
행하리라 4 그러나 그가 강성할 때에 그의 나라가 갈라져 천하 사방에 나누일 것이나 그의 자
손에게로 돌아가지도 아니할 것이요 또 자기가 주장하던 권세대로도 되지 아니하리니 이는
그 나라가 뽑혀서 그 외의 다른 사람들에게로 돌아갈 것임이라 5 남방의 왕들은 강할 것이나
그 군주들 중 하나는 그보다 강하여 권세를 떨치리니 그의 권세가 심히 클 것이요 6 몇 해 후
에 그들이 서로 단합하리니 곧 남방 왕의 딸이 북방 왕에게 가서 화친하리라 그러나 그 공주
의 힘이 쇠하고 그 왕은 서지도 못하며 권세가 없어질 뿐 아니라 그 공주와 그를 데리고 온
자와 그를 낳은 자와 그때에 도와 주던 자가 다 버림을 당하리라 7 그러나 그 공주의 본 족속
에게서 난 자 중의 한 사람이 왕위를 이어 권세를 받아 북방 왕의 군대를 치러 와서 그의 성
에 들어가서 그들을 쳐서 이기고 8 그 신들과 부어 만든 우상들과 은과 금의 아름다운 그릇들
은 다 노략하여 애굽으로 가져갈 것이요 몇 해 동안은 그가 북방 왕을 치지 아니하리라 9 북
방 왕이 남방 왕의 왕국으로 쳐들어갈 것이나 자기 본국으로 물러가리라 10 그러나 그의 아들
들이 전쟁을 준비하고 심히 많은 군대를 모아서 물이 넘침 같이 나아올 것이며 그가 또 와서
남방 왕의 견고한 성까지 칠 것이요 11 남방 왕은 크게 노하여 나와서 북방 왕과 싸울 것이라
북방 왕이 큰 무리를 일으킬 것이나 그 무리는 그의 손에 넘겨 준 바 되리라 12 그가 큰 무리
를 사로잡은 후에 그의 마음이 스스로 높아져서 수만 명을 엎드러뜨릴 것이나 그 세력은 더
하지 못할 것이요 13 북방 왕은 돌아가서 다시 군대를 전보다 더 많이 준비하였다가 몇 때 곧
몇 해 후에 대군과 많은 물건을 거느리고 오리라 14 그때에 여러 사람이 일어나서 남방 왕을
칠 것이요 네 백성 중에서도 포악한 자가 스스로 높아져서 환상을 이루려 할 것이나 그들이
도리어 걸려 넘어지리라 15 이에 북방 왕은 와서 토성을 쌓고 견고한 성읍을 점령할 것이요

남방 군대는 그를 당할 수 없으며 또 그가 택한 군대라도 그를 당할 힘이 없을 것이므로 16 오
직 와서 치는 자가 자기 마음대로 행하리니 그를 당할 사람이 없겠고 그는 영화로운 땅에 설
것이요 그의 손에는 멸망이 있으리라 17 그가 결심하고 전국의 힘을 다하여 이르렀다가 그와
화친할 것이요 또 여자의 딸을 그에게 주어 그의 나라를 망하게 하려 할 것이나 이루지 못하
리니 그에게 무익하리라 18 그 후에 그가 그의 얼굴을 바닷가로 돌려 많이 점령할 것이나 한
장군이 나타나 그의 정복을 그치게 하고 그 수치를 그에게로 돌릴 것이므로 19 그가 드디어
그 얼굴을 돌려 자기 땅 산성들로 향할 것이나 거쳐 넘어지고 다시는 보이지 아니하리라 20
그 왕위를 이을 자가 압제자를 그 나라의 아름다운 곳으로 두루 다니게 할 것이나 그는 분노
함이나 싸움이 없이 몇 날이 못 되어 망할 것이요 21 또 그의 왕위를 이을 자는 한 비천한 사
람이라 나라의 영광을 그에게 주지 아니할 것이나 그가 평안한 때를 타서 속임수로 그 나라
를 얻을 것이며 22 넘치는 물 같은 군대가 그에게 넘침으로 말미암아 패할 것이요 동맹한 왕
도 그렇게 될 것이며 23 그와 약조한 후에 그는 거짓을 행하여 올라올 것이요 소수의 백성을
가지고 세력을 얻을 것이며 24 그가 평안한 때에 그 지방의 가장 기름진 곳에 들어와서 그의
조상들과 조상들의 조상이 행하지 못하던 것을 행할 것이요 그는 노략하고 탈취한 재물을 무
리에게 흩어 주며 계략을 세워 얼마 동안 산성들을 칠 것인데 때가 이르기까지 그리하리라 25
그가 그의 힘을 떨치며 용기를 다하여 큰 군대를 거느리고 남방 왕을 칠 것이요 남방 왕도 심
히 크고 강한 군대를 거느리고 맞아 싸울 것이나 능히 당하지 못하리니 이는 그들이 계략을
세워 그를 침이니라 26 그의 음식을 먹는 자들이 그를 멸하리니 그의 군대가 흩어질 것이요
많은 사람이 엎드러져 죽으리라 27 이 두 왕이 마음에 서로 해하고자 하여 한 밥상에 앉았을
때에 거짓말을 할 것이라 일이 형통하지 못하리니 이는 아직 때가 이르지 아니하였으므로 그
일이 이루어지지 아니할 것임이니라 28 북방 왕은 많은 재물을 가지고 본국으로 돌아가리니
그는 마음으로 거룩한 언약을 거스르며 자기 마음대로 행하고 본토로 돌아갈 것이며 29 작정
된 기한에 그가 다시 나와서 남방에 이를 것이나 이번이 그 전번만 못하리니 30 이는 깃딤의
배들이 이르러 그를 칠 것임이라 그가 낙심하고 돌아가면서 맺은 거룩한 언약에 분노하였고
자기 땅에 돌아가서는 맺은 거룩한 언약을 배반하는 자들을 살필 것이며 31 군대는 그의 편에
서서 성소 곧 견고한 곳을 더럽히며 매일 드리는 제사를 폐하며 멸망하게 하는 가증한 것을
세울 것이며 32 그가 또 언약을 배반하고 악행하는 자를 속임수로 타락시킬 것이나 오직 자기
의 하나님을 아는 백성은 강하여 용맹을 떨치리라 33 백성 중에 지혜로운 자들이 많은 사람을
가르칠 것이나 그들이 칼날과 불꽃과 사로잡힘과 약탈을 당하여 여러 날 동안 몰락하리라 34
그들이 몰락할 때에 도움을 조금 얻을 것이나 많은 사람들이 속임수로 그들과 결합할 것이며
35 또 그들 중 지혜로운 자 몇 사람이 몰락하여 무리 중에서 연단을 받아 정결하게 되며 희게
되어 마지막 때까지 이르게 하리니 이는 아직 정한 기한이 남았음이라 36 그 왕은 자기 마음

대로 행하며 스스로 높여 모든 신보다 크다 하며 비상한 말로 신들의 신을 대적하며 형통하
기를 분노하심이 그칠 때까지 하리니 이는 그 작정된 일을 반드시 이룰 것임이라 37 그가 모
든 것보다 스스로 크다 하고 그의 조상들의 신들과 여자들이 흠모하는 것을 돌아보지 아니하
며 어떤 신도 돌아보지 아니하고 38 그 대신에 강한 신을 공경할 것이요 또 그의 조상들이 알
지 못하던 신에게 금 은 보석과 보물을 드려 공경할 것이며 39 그는 이방신을 힘입어 크게 견
고한 산성들을 점령할 것이요 무릇 그를 안다 하는 자에게는 영광을 더하여 여러 백성을 다
스리게도 하며 그에게서 뇌물을 받고 땅을 나눠 주기도 하리라 40 마지막 때에 남방 왕이 그
와 힘을 겨룰 것이나 북방 왕이 병거와 마병과 많은 배로 회오리바람처럼 그에게로 마주 와
서 그 여러 나라에 침공하여 물이 넘침 같이 지나갈 것이요 41 그가 또 영화로운 땅에 들어갈
것이요 많은 나라를 패망하게 할 것이나 오직 에돔과 모압과 암몬 자손의 지도자들은 그의
손에서 벗어나리라 42 그가 여러 나라들에 그의 손을 펴리니 애굽 땅도 면하지 못할 것이니 43
그가 권세로 애굽의 금 은과 모든 보물을 차지할 것이요 리비아 사람과 구스 사람이 그의 시
종이 되리라 44 그러나 동북에서부터 소문이 이르러 그를 번민하게 하므로 그가 분노하여 나
가서 많은 무리를 다 죽이며 멸망시키고자 할 것이요 45 그가 장막 궁전을 바다와 영화롭고
거룩한 산 사이에 세울 것이나 그의 종말이 이르리니 도와 줄 자가 없으리라

마음의 문을 열며

다니엘 11장은 역사의 마지막 때에 하나님의 자녀가 가져야 할 영적 분별력과 신앙의 정체성이 무엇인지 가르쳐 준다. 사람들은 미래로 나아갈수록 지상에 참된 평화가 도래할 것이라고 말한다. 하지만 이런 유토피아에 대한 환상은 소박한 낙관론에 불과하다. 왜냐하면 하나님이 부재한 곳에 진정한 평화란 있을 수 없기 때문이다. 사람들은 점점 하나님을 몰아내고 그 자리에 등극하여 자신들만의 세계를 구축하고자 한다. 하지만 결국 남는 것이라곤 욕망의 흔적들과 그 끝자락에서 그들을 기다리는 허무함뿐이다.

이러한 때에 그리스도인들은 이 땅에 흐르고 있는 다양한 형태의 인간숭배, 개인주의, 쾌락주의, 배금주의, 무신론의 뿌리를 분별할 수 있어야 한다. 이제 이 시간을 통해 예수 그리스도가 다시 오실 때까지 영적인 준비와 영적인 무장을 철저히 하도록 하자.

말씀의 씨를 뿌리며

1. 11장에 등장하는 예언 중 1절부터 35절까지의 내용은 다니엘이 이 예언을 들은 이후 300여 년간 모두 성취되었다. 각 시대별로 예언의 내용을 정리해 보라.

- 바사에 대한 예언(2절)/

- 헬라와 알렉산더에 대한 예언(3~4절)/

- 남방의 애굽과 북방의 시리아에 대한 예언(5~20절)/

- 안티오쿠스 4세와 시리아에 대한 내용(21~35절)/

2. 다니엘서는 왜 세상 역사에 대해 이렇게 자세히 예언하고 있는가? 이 예언들을 통해 말씀하시고자 하신 바는 무엇이라고 생각하는가? (참고/ 요 15:17~21)

- 16, 31절/

3. 탐욕으로 끝이 없는 이전투구에 빠진 악한 세상에서 믿는 자로서 정체성을 지키며 정면돌파하기 위해 필요한 것이 있다. 그것이 무엇인가? (참고/ 히 11:36~40)

- 32~33절/

4. 35절까지가 이미 성취된 예언이라면, 36~45절까지는 앞으로 성취될 예언에 대한 기록이라 할 수 있다. 물론 안티오쿠스 에피파네스에 대해서도 적용될 수 있으나 그가 적그리스도의 예표이며 요한계시록에 기록된 적그리스도와의 유사성을 감안할 때, 마지막 때에 일어날 일에 대한 예언으로 보는 것이 바람직하다. 36~45절까지의 내용을 정리해 보라.

- 적그리스도의 등장(36~39절)/

- 전쟁과 침략(40~43절)/

- 대환란(44~45절)/

5. 대환란의 시기에 대해서는 신학자들 사이에서도 의견이 분분하다. 하지만 분명한 사실이 하나 있다. 그것이 무엇인가?(참고 / 12:1, 눅 21:28,31)

6. 하나님께서 예언하신 말씀에 대한 기록이 신구약 성경 전체의 약 27퍼센트라고 한다. 그렇다면 이 예언의 말씀, 성취된 일과 성취될 일을 앞에 놓고 우리는 어떻게 살아야 하는가? 첫째는 우리의 미래가 철저하게 하나님의 손안에 있음을 믿어야 한다. 이런 믿음이 왜 중요하다고 생각하는가?

7. 둘째로 미래를 감당할 영적인 무기가 필요하다. 영적 전쟁은 머릿속에 있는 탁상공론의 세계가 아니다. 내가 영적 무기를 들고 싸우지 않으면 마귀에게 삼켜지는 실제적인 전쟁이다. 우리에게 있는 가장 막강한 영적 무기는 무엇인가?(참고/ 요 14:14; 엡 6:13~18; 벧전 5:8)

8. 셋째로 미래를 위한 영적인 교제가 필요하다. 우리는 영적 전쟁을 감당하고 세계 역사를 하나님 나라의 역사로 바꿔가야 할 책임이 있다. 이 새로운 세계에서는 혼자서 이 일을 감당할 수 없다. 당신은 영적 교제의 필요성에 대해 제대로 깨닫고 있는가?(참고/ 히 10:25)

삶의 열매를 거두며

하나님은 예언을 성취하시는 분이다. 다니엘서에서 등장한 135개의 예언들 하나하나가 모두 고대 근동 역사에서 성취되었다. 또한 하나님은 미래를 꿰뚫어 보시고 미래의 역사를 주관하시는 분이다. 이 사실은 믿는 사람들에게 미래에 대한 확신을 주신다. 당신은 이런 확신이 분명한가? 혹시 미래에 대한 불안과 염려에 사로잡혀 있지는 않는가? 다가올 영적 전쟁을 준비하기 위해 어떤 노력을 해야 할지 생각해 보자.

17. 마지막 그날까지 소명을 감당하게 하소서

다니엘 12:1~13

1 그때에 네 민족을 호위하는 큰 군주 미가엘이 일어날 것이요 또 환난이 있으리니 이는 개국
이래로 그때까지 없던 환난일 것이며 그때에 네 백성 중 책에 기록된 모든 자가 구원을 받을
것이라 2 땅의 티끌 가운데에서 자는 자 중에서 많은 사람이 깨어나 영생을 받는 자도 있겠고
수치를 당하여서 영원히 부끄러움을 당할 자도 있을 것이며 3 지혜 있는 자는 궁창의 빛과 같
이 빛날 것이요 많은 사람을 옳은 데로 돌아오게 한 자는 별과 같이 영원토록 빛나리라 4 다
니엘아 마지막 때까지 이 말을 간수하고 이 글을 봉함하라 많은 사람이 빨리 왕래하며 지식
이 더하리라 5 나 다니엘이 본즉 다른 두 사람이 있어 하나는 강 이쪽 언덕에 섰고 하나는 강
저쪽 언덕에 섰더니 6 그 중에 하나가 세마포 옷을 입은 자 곧 강물 위쪽에 있는 자에게 이르
되 이 놀라운 일의 끝이 어느 때까지냐 하더라 7 내가 들은즉 그 세마포 옷을 입고 강물 위쪽
에 있는 자가 자기의 좌우 손을 들어 하늘을 향하여 영원히 살아 계시는 이를 가리켜 맹세하
여 이르되 반드시 한 때 두 때 반 때를 지나서 성도의 권세가 다 깨지기까지이니 그렇게 되면
이 모든 일이 다 끝나리라 하더라 8 내가 듣고도 깨닫지 못한지라 내가 이르되 내 주여 이 모
든 일의 결국이 어떠하겠나이까 하니 9 그가 이르되 다니엘아 갈지어다 이 말은 마지막 때까
지 간수하고 봉함할 것임이니라 10 많은 사람이 연단을 받아 스스로 정결하게 하며 희게 할
것이나 악한 사람은 악을 행하리니 악한 자는 아무것도 깨닫지 못하되 오직 지혜 있는 자는
깨달으리라 11 매일 드리는 제사를 폐하며 멸망하게 할 가증한 것을 세울 때부터 천이백구십
일을 지낼 것이요 12 기다려서 천삼백삼십오 일까지 이르는 그 사람은 복이 있으리라 13 너는
가서 마지막을 기다리라 이는 네가 평안히 쉬다가 끝날에는 네 몫을 누릴 것임이라

마음의 문을 열며

다니엘서의 마지막 장은 하나님 백성들의 영광스런 구원과 마지막 때에 대한 권면과 우주적 승리를 보여 줌으로 다니엘서 전체의 신학적 절정을 이룬다. 다니엘은 지금까지 힘든 나날을 지내왔다. 그러나 하나님은 다니엘을 기억하시고, 끝날에 부활의 몸으로 새 하늘과 새 땅을 다스리게 될 것이라는 약속을 주셨다. 이 약속을 받은 다니엘이 얼마나 황홀했겠는가?

그런데 이 약속은 마지막 때를 사는 우리에게도 동일하게 주어진 것이다. 다만 하나님이 사랑하는 자를 위해 예비해 주신 비밀스런 일들을 받아 누리려면 우리의 마음을 제대로 준비해야 한다. 다니엘서를 마무리하면서 이 안에 담긴 놀라운 내용과 앞으로 이루어질 계시가 우리를 더욱 강하게 하고 굳세게 붙들어주길 바란다.

말씀의 씨를 뿌리며

1. 천사장 미가엘의 소리가 있을 때 환난이 있을 것이다. 이 환난은 지구가 생긴 이래 가장 큰 격변이 될 것이다(마 24:21). 하지만 두려움 대신 감사해야 한다. 그 이유가 무엇인가?

   • 2절/

2. 환난과 시련의 인생길 가운데서도 낙심하지 말아야 할 이유는 우리 주님이 하늘의 별과 같은 광채를 주실 것이기 때문이다. 주님의 칭찬받을 사람들은 어떤 사람들인가? (참고/ 마 13:43)

   • 3절/

3. 하나님의 말씀을 가지고 다른 영혼들을 양육하며 먹여주는 것과 다른 영혼들을 향해 예수 그리스도가 내 생애의 구주라고 고백하는 일이야말로 하늘의 별이요, 궁창의 빛 같은 삶이라 할 수 있다. 당신에겐 이런 삶의 흔적이 있는가?

4. 조지 휫필드는 자신의 비문에 이렇게 새기길 원했다고 한다. "조지 휫필드, 여기 잠들다. 그가 어떤 사람이었는지는 영광의 날에 밝혀질 것이다." 유한한 시간 속에서 바친 수고에 대한 영

원한 상급은 궁창의 별처럼 빛나게 될 것이다. 당신은 영광의 날에 대한 소망이 있는가? 만약 이 소망이 희미하다고 느껴진다면 그 이유는 무엇인가?

5. 천사와 같은 두 사람이 강 이쪽과 저쪽에 섰다. 흔히 성경학자들은 세마포 옷을 입은 분이 예수님이라고 추측한다. 천사가 예수님에게 질문한 내용은 무엇이며, 예수님은 어떻게 대답하셨는가? (참고/ 마 24:36)

- 5~7절/

6. 다니엘처럼 비상한 예언자도 무슨 뜻인지 알지 못했다. 너무 혼란스러웠던 다니엘이 다시 묻자, 주님은 어떻게 대답하셨는가? 그 의미가 무엇인지 쉽게 자신의 말로 정리해 보라.

- 9~13절/

7. 13절의 권면이야말로 힘겨운 인생을 살았던 다니엘에게 큰 위로가 되었을 것이다. 이 말씀이 당신에게 주는 위로는 무엇인가?

8. 우리는 이 땅에서 평안을 추구하는 사람이 아니라 영적 전쟁을 감당하는 주의 용사된 삶을 살아야 한다. 다음의 글을 읽고 느낀 점을 나누어 보자.

선교 역사는 곧 영적 전쟁터 가운데서 평생 영적 싸움을 싸우다 간 인물들의 역사다. WEC선교회 창시자였던 C. T. 스터드 선교사의 삶을 보면 다니엘 12장 13절을 확신한 사람의 생애였다고 생각한다.

그는 1862년 영국에서 태어나 캠브리지 대학을 나와 6인의 동료 선교사들과 함께 중국에 가서 복음을 전했다. 그는 무디 선교사로부터 말씀을 듣고 예수님을 영접한 후 미전도종족인 중국에 갔지만 네 자녀 중에 한 자녀를 잃고 선교사로서의 삶 전체가 무너지는 아픔을 맛보았다. 그 가운데서도 그는 잃어버린 영혼에 대한 부담 때문에 영국으로 돌아갔다가 몸이 회복되자 다시 인도로 가서 복음을 전했다.

인도 사역을 마치고 영국으로 돌아온 어느 날 "식인종이 당신을 기다리고 있다"는 작은 선교 포스터 문구 속에서 하나님의 음성을 듣고 50세의 나이에 세 번째 헌신을 결심하고 백인들의 무덤이었던 아프리카 영혼들을 위해 목숨을 걸었다. 아프리카에서 11년이라는 긴 세월 동안 역경과 고난이 끊이지 않았지만 포기하지 않고 아프리카 선교의 길을 평탄케 했다. 오늘날 전 세계에 흩어져 일하는 선교사들은 선교적 유산과 모범을 따르며 복음의 씨앗을 뿌리고 있다.

삶의 열매를 거두며

우리의 고난이 아무리 크다 할지라도 주님은 우리에게 마지막 때 주님의 품에 안길 그날을 약속해 주셨다. 언젠가 우리도 고난의 인생길을 정리할 때 주님이 다니엘에게 들려주신 음성을 듣게 될 것이다. 그날까지 하나님이 주신 소명을 기억하고, 소명자로서의 삶을 살기 위해 결단하는 시간을 갖자. 그리고 다니엘서를 배우게 하신 하나님께 감사를 드리자.